10세부터
다시 키워라

지금부터가 진짜다!

아이 낳고 10년, 후회가 남는다면

10세부터 다시 키워라

다카하마 마사노부 지음

for book

문제가 없는 사춘기야말로
가장 큰 문제다

10세, 성장에서 가장 중요한 터닝 포인트다

이 책의 제목은 '10세부터 다시 키워라'이다. 그렇다면 '왜 굳이 10세부터일까?'라는 의문이 들 것이다. 결론부터 말하면, 10세라는 연령은 아이의 성장에서 가장 중요한 터닝 포인트가 되는 시점이다. 왜냐하면 10세는 마냥 어리기만 하던 '아이'에서 점차 '어른'으로 변해가는 시기이며, 부모로부터 자립하려는 독립심이 강해지는 시기이기 때문이다.

나는 줄곧 아이가 자립해서 살아갈 수 있는 힘을 길러주려면 10세부터의 교육이 중요하다고 강조해왔다. 그래서 강연이나 인터뷰를 할 때 10세부터의 교육에 대해 많은 시간을 할애하여 설명하곤 한다. 그때마다 10세 이상의 아이를 둔 부모들은 이렇게 질문한다.

"10세 이후에는 더 이상 성장할 가능성이 없나요?"

물론 그렇지는 않다. 오히려 10세 이후에 자신의 목표를 발견하고, 학력이 크게 향상된 아이들이 많다. 실제로 나는 그런 아이들을 많이 보아왔다. 때문에 10세부터의 자녀 양육이 아이의 미래를 좌우한다고 말하는 것이다. 뿐만 아니라 10세부터 어떻게 양육하는가의 문제는 부모와 아이 사이에 평생 쌓아갈 관계의 기초가 된다. 나는 오래전부터 이런 생각을 구체적으로 알리고 싶다는 염원을 갖고 있었다.

'하나마루 학습회'에서는 4세 이상의 유아부터 중학생까지 지도하고 있다. 그중에서도 사춘기 아이들의 부모들이 상담을 위해 자주 찾아온다. 초등학교 고학년부터 중학교에 걸쳐 아이는 서서히 어른으로 변해간다. 따라서 이 시기에는 아이의 성장이 기쁘면서도 한편으론 걱정이 끊이지 않는 때이기도 하다. 특히 사춘기가 시작되는 10세 이후부터는 지금까지의 양육법이 갑자기 통하지 않게 된다. 그러면 부모들은 크게 당황한다.

사춘기 아이들이 여러 가지 벽에 부딪치며 고민하는 것은 어른이 되기 위해 꼭 거쳐야 할 과정이다. 아주 오랜 옛날부터 변함없이 이어왔던 '통과의례'인 것이다. 사춘기 관련 상담 건수가 지난 20년간 늘지도 줄지도 않았다는 사실이 이를 방증한다.

그러나 요즘 아이들이 안고 있는 사춘기 문제의 핵심은 과거 '부모 세대'의 그것과는 사뭇 다르다. 과거에는 사춘기 아이들의 '일탈 행위'가 문제가 됐다. 그에 비하면 요즘 사춘기 아이들은 지나치게 순종적이고 어른스럽고 착하다. 과거처럼 억제할 수 없는 반항심이나 내면의 갈등을 정면으로 어른들에게 분출하는 아이들이 크게 줄어들었다.

일탈 행위가 줄어들었다는 사실은 표면적으로는 긍정적인 현상일지도 모른다. 하지만 그렇다고 해서 '문제가 없어졌다'고 여기는 것은 낙관적인 생각이 아닐까 싶다. 어쩌면 그보다 더 심각할지도 모를 문제가 이미 곳곳에서 생겨나고 있기 때문이다.

아무런 갈등도 없는 사춘기? 과연 괜찮을까?

하나마루 학습회를 개설했던 1990년대 초반만 해도 대다수의 중고생들이 소위 '일진'으로 판을 쳤다. 동급생이나 불량 서클 멤버들끼리의 싸움이 매일 벌어졌고, 도둑질, 협박, 맞짱, 오토바이 폭주 같은 비행은 일상적인 일이었다. 교사에 대한 반발도 강했고, 교내 폭력 사건이나 임신 등의 문제 행동도 끊이지 않았다. 솔직하게 말하면 나 역시 고교 시절에는 나쁜 짓을 하거나 시끄러운 싸움을 벌이고 다니는 것이 일상이었다.

그래서 하나마루 학습회 개설 당시에는 '우리 아이가 불량한 친구들과 어울리는 것 같다' 혹은 '담배를 피운다' 같은 상담이 주류를 이룰 정도였다. 그런데 최근 들어 그런 유의 상담이 뚝 끊겼다. 상담뿐만 아니라, 길에서 수없이 마주칠 수 있었던 불량 청소년들의 모습도 크게 줄어들었다.

이유가 뭘까. 물론 여전히 일진들이 존재하고 불량 청소년도 남아있지만, 이들을 영웅시하던 마인드에 변화가 생긴 것이 분명하다. 불량한 행동은 촌스럽고, 비행은 멋이 없다고 느끼며 스마트한 것을 좋아하는 가치관으로 바뀌었는지도 모르겠다. 아니, 어쩌면 부모들의 걱정이 아이들의 그런 '행동'보다는 '성적'이나 '입시'에 맞춰져 있기 때문일 수도 있다.

요즘 사춘기 아이를 둔 부모들의 주된 고민은 '성적이 나쁘다'거나 '의사소통이 잘 안 돼서 무슨 생각을 하고 있는지 모르겠다' 등이다. 이를테면 문제시되는 행동들의 패턴도 과거와는 조금 달라졌다. 요즘 아이들의 일탈이란, 학교에 가지 않거나 자기 방에서 나오지 않는 것, 부모와의 의사소통 단절 등이 대부분이다. 정신적으로나 육체적으로 폭발적인 에너지를 품고 있을 나이에 이를 발산하지 않고 방 안에 틀어박혀 지내는 아이들이 늘어나고 있는 것이다.

그렇다면 이쯤에서 한번 생각해보자. 불량하게 굴지 않고, 마음을 닫아걸지도 않으며, 공부 잘하고, 어른에게 순종하는 아이라면 안심해도 좋을까? 바로 여기에 함정이 있다. 대부분의 부모들은 아이가 이처럼 온순한 모습을 보이면 잘하고 있다고 자부심을 갖게 되니 말이다.

사춘기임에도 불구하고 전혀 문제가 없어 보이는 아이들은 사춘기에 꼭 겪어야 할 갈등을 아직 제대로 겪지 못하고 있는 것일 수도 있다. 따라서 부모는 내 아이가 언제까지나 '독기 없고 순종적인 착한 아이'일 수 없다는 점을 깨달아야 한다. 게다가 문제는, 그렇듯 언제 터질지 모르는 시한폭탄을 품고 있는 아이들이 꽤 많다는 사실이다.

10세가 된 아이를 위해 '홀로서기 선언문'을 준비하라

사춘기는 본래 누구나 마음속에 독기를 품는 시기다. 아이에서 어른으로 변하는 과정에서 예민해진 감성으로 여러 가지 진실에 눈을 뜨기 시작하기 때문이다.

이제까지 부모님이나 선생님에게 배워왔던 이상과 실제 현실이 전혀 다르다는 것을 깨닫게 된 아이는 당황하고 분노한다. 순진하게 따라왔던 부모님과 선생님이 사실은 별로 대단할 것도 없는 평범한 인간이었다는 사실을 깨닫고 실망하거나 무시하는 경우도 있다. 또 이때는 부모보다 친구들과의 유대 관계가 더 중요해지고, 혼자만의 비밀을 갖거나 성적 욕구가 높아져서 이를 스스로 통제하고 조절하는 일이 힘들어지는 시기이기도 하다.

요컨대 분노와 반발, 갈등 속에 고통스러워하며 살아가는 것이 사춘기 아이들이다. 부글부글 끓어오르는 독기는 자아에 눈뜨기 시작했다는 징표나 다름없다.

물론 그런 독기를 운동이나 공부에 대한 에너지로 승화시킬 수 있는 아이라면 걱정할 필요가 없다. 누군가에게 자신의 고민을 상담할 수 있는 열린 사고를 가졌거나 매우 친한 상대가 있는 아이도 괜찮다.

문제는 그렇지 못한 아이들이다. 공부도 운동도 시시하고, 마음을 표현하고 싶을 만큼 친한 상대도 없는 아이들 말이다. 또 일탈 행위를 통해 마음속 분노를 드러내는 아이들도 문제는 덜하다. 왜냐하면 문제아나 비행 청소년들은 그런 자신을 표현할 수 있을 만큼 정신적으로 자립한 아이들이라고 볼 수 있기 때문이다. 그래서 나는 강연을 할 때마다 "불량한 성향의 아이들은 오히려 걱정하지 않아도 된다"고 말한다.

가장 걱정스러운 대상은 등교를 거부하거나 방에 틀어박혀 지내는, 언뜻 보기에 큰 문제가 없어 보이는 아이들이다. 그들은 하나같이 부모에게 어리광을 부리거나 의존하는 성향이 강하다. 이는 비단 나 혼자만의 생각은 아닐 것이다. 이렇듯 부모에게 어리광을 부리며 자라는 아이들의 배경에는 자녀를 항상 아이 취급하면서 지나치게 보호하거나 간섭하려는 부모들이 있다.

사춘기가 되면 여자아이는 여성스럽고 부드러운 몸매로, 남자아이는 남성다운 다부진 체격으로 변하기 시작한다. 남녀 모두 올챙이가 개구리로 변하는 것 같은 큰 변화를 겪는 것이다. 그런 시기에 부모가 아이를 유년기와 다름없이 대한다면 어떻게 될까.

아이는 언제나 부모에게 의존하려 하고, 어른이 되기 위해 이제 막 싹을 틔운 자아가 미처 자랄 새도 없이 꺾여버린다. 사춘기의 괴로움을 드러내기보다는 응석을 부리는 것이 편하기 때문에 어지간한 자립심이나 강인함 없이는 그 상태에서 벗어나기가 쉽지 않다.

아이를 한 명의 어엿한 성인으로 키우기 위해서는 사춘기를 기점으로 자녀 양육법을 근본부터 완전히 바꿔야 한다. 다소 서운할 수도 있지만, 결연하게 아이와 거리를 두고 이제까지와는 전혀 다른 방법으로 아이를 이끌어야 하는 것이다.

그런 계기를 만들기 위해 추천하고 싶은 방법은, 아이가 열 살이 됐을 때 부모가 아이에게 '홀로서기 선언'을 하는 것이다. 예를 들면 "오늘부터 너를 어른으로 대할 것이다. 더 이상 쓸데없는 잔소리는 안 할 테니까, 네 일은 스스로 알아서 해라"라고 말한다. 매우 중요한 발표를 하는 것처럼 진지하게 아이에게 일러두기를 하는 것이다.

그 타이밍은 만으로 10세가 되어 학년이 올라갈 때, 그것도 새 학기가 시작되는 첫날이 가장 좋다. 학년이 바뀌는 것과 함께 각오를 다지기가 쉬워지는 시기이기 때문이다.

홀로서기 선언은 부모 자신의 결의를 표명하는 스스로에 대한 다짐인 동시에 부모가 아이에게 '오늘부터 너는 어른이다'라고 알리는 선고다. 선언 이후에는 그동안 아이 취급하던 행동을 단호하게 멈추고, 같은 어른으로서 아이와 진심을 나눠야 한다.

'하루아침에 그게 가능할까?' 하고 물을 수도 있지만, 마음먹기에 따라 얼마든지 가능하다. 아이를 더 이상 철부지로 취급하지 않기 위해서는 아이와 동성인 부모, 즉 남자아이라면 아버지가, 여자아이라면 어머니가 주된 역할을 맡는 것이 좋다.

동성의 부모가 살아오면서 얻은 지혜와 지식을 동성의 아이에게 물려주는 것이 남자아이를 남자답게, 여자아이를 여자답게 키우는 중요한 열쇠가 된다. 바로 이것이 내가 이 책에서 말하고 싶은 핵심이다.

아들은 아버지가, 딸은 어머니가……

동성 자녀에 대한 역할 분담이 필요하다

아이에 대한 걱정이 심한 어머니들은 홀로서기 선언에 대해 이렇게 말할 수도 있다. "우리 아이에겐 무리예요. 우리 애는 제가 시키지 않으면 아무것도 하지 않는다니까요"라고 말이다.

그렇다면 부모로부터 자립하지 못한 아이가 어떤 어른이 될지 생각해보자. 매년 많은 젊은이들이 우리 회사에 신입 사원으로 들어오는

데, 제대로 된 젊은이들을 채용하려고 나름대로 신중을 기하고 있다. 그럼에도 불구하고 그중에는 경악스러운 발언이나 행동을 하는 신입 사원들이 몇 명은 섞여 있게 마련이다. 그리고 그들은 어김없이 금방 회사를 그만둔다.

한번은 재미 삼아 '신입 사원 망언 어록'을 만들어본 적이 있다.

"네? 그거 제가 해야 하는 겁니까?"

"저한테는 맞지 않는 일 같은데요."

모두 업무 지시에 대한 대답들이다. 평소 근무 태도에 대해 주의를 주다가 "말투에 신경을 좀 써주셨으면 좋겠는데요"라거나 "말씀하시는 내용은 무슨 말씀인지 알겠지만요"라는 대답을 들은 적도 있다. 조금은 어이없지만, 신입 사원으로부터 "이 회사, 이대로 괜찮은 겁니까?"라고 걱정하는 말도 들었다.

이런 경악스러운 발언의 주인공들은 모두 같은 유형의 젊은이들이다. 자신이 남보다 위에 있다고 생각하여 언제나 불만을 늘어놓는다. 본인이 사회인으로서 아무것도 모른다는 사실을 전혀 자각하지 못하고 있다. 과연 그런 신입 사원이 상사나 선배에게 사랑받으며 능력 있는 사회인으로 성장할 수 있을까?

사원의 부모가 회사에 전화를 걸어왔다는 이야기도 자주 듣는다.

지인이 운영하는 회사에서는 "우리 아이가 그러는데 선배가 너무 심하게 군다고 하던데요"라며 전화를 걸어 불평을 늘어놓은 부모도 있었다고 한다. 그뿐인가. 상사에게 한번 크게 혼난 일로 우울증에 걸렸다는 사람들 이야기도 종종 듣는다. 인간관계에 내성이 없는 젊은이들이 늘어난 바람에 사회에선 대혼란이 일어나고 있는 것이다.

직장에서만 문제가 되는 것이 아니다. 남녀 관계에서도 이상 현상이 나타나고 있다. 일본 결혼 정보 회사 '오넷(O-net)'이 2013년에 성인이 된 남녀를 대상으로 실시한 조사에서, 교제 상대가 있다고 답한 비율이 남성은 약 20%, 여성은 약 30%로 나타났다. 1995년 조사에서 교제 상대가 있다고 대답한 비율이 50%였던 것과 비교하면 엄청나게 줄어들었다고 말할 수 있다. 게다가 성인이 될 때까지 여성과 교제한 적이 한 번도 없다는 남성이 50% 이상이고, 교제 상대가 필요하다고 생각하지 않는다는 남성이 세 명 중 한 명이라고 한다.

내가 보고 들은 이보다 더 충격적인 사례들에 대해서는 이 책에서 계속 다루겠지만, 확실히 말할 수 있는 것은 '초식남(자신의 취미 활동에는 적극적이지만 이성과의 연애에는 소극적인, 동성애자와는 차별된 남성)'이 더 이상 희귀한 신종이 아니며, 이미 젊은 남성들의 표준이 되었다는 사실이다. 게임 속 캐릭터와 연애를 하고, 실제 이성과는 전혀 교류하지 않는 남자들도 늘고 있다. 물론 여자들 역시 이런 문제에서 크게 벗어나지 못할 것이다.

이처럼 내 아이가 '민폐형 인간'으로 자라는 것을 방지하는 가장 중요한 열쇠는 가정에서 이루어지는 사춘기 자녀의 양육법이다. 그중에서도 남자아이에게는 아버지의, 여자아이에게는 어머니의 역할이 매우 중요하다.

이 시기에 동성의 부모가 인생 선배로서 아이에게 자신의 진심을 털어놓으며 관계를 맺어가는 것이 아이의 마음속에 일생 동안 흔들리지 않을 단단한 심지를 세워주기 때문이다. 바로 그런 역할의 중요성을 알리고 싶어서 이 책을 쓰게 되었다.

따라서 부디 자라는 아이를 둔 어머니와 아버지, 유아기 때와는 다르게 좀 더 잘 키워보고 싶은 마음을 가진 부모들이라면 지금부터 펼쳐지게 될 나의 이야기들을 꼭 참고해주기 바란다.

3장 어머니, 지금 당신은 행복하십니까?
따뜻한 밥과 웃는 어머니,
이 두 가지만으로도 아이가 자라고 가정이 자란다

4장 아버지, 지금 당신은 잘하고 있습니까?

집에서도 사회생활을 하라! 온 마음을 다해 아내를 도우라!
이런 당신이 최고의 아버지다

5장 사춘기 아이, 어떤 부모를 원할까요?
부모로서는 이렇게 VS 인생 선배로서는 이렇게

그 집 부부는 안녕하십니까?

1

오른쪽으로 가는 남편

왼쪽으로 가는아내

VS

오른쪽으로 가는남편

남성다움 & 여성다움을 잃어버린 시대
: 그리하여 행복지수는 계속 낮아지고 있다

남자와 여자, 달라도 너무 다르다

시대가 변하듯 아이도 변한다. 물론 부모도 변한다. 요즘은 특히 아버지들이 변하고 있다는 것을 느끼는 경우가 많다. 그도 그럴 것이 내가 '하나마루 학습회'를 개설했던 20년 전만 해도 '쇼맨십의 성향을 가진 아버지'들이 주류였다. 말 그대로 구시대적인 아버지들이었다.

이를테면 이런 모습이다. 남자는 밖에서 일하는 것을 최우선으로 삼아야 하고, 가족에게는 그저 말없이 뒷모습이나 보이면 된다는 생각을 가진 사람들 말이다. 자신을 마치 무협영화나 서부영화의 주인공으로 착각하고 있는 게 아닐까 싶을 만큼!

그런데 최근 들어 '육아남(육아에 적극 참여하는 남성)'이라는 용어가 등장할 만큼, 자녀 양육에 열의를 보이는 아버지들이 증가하고 있다. 평일에 열리는 입학식이나 참관 수업을 가봐도 알 수 있다. 아버지가 회사에 연차를 내고 참가하는 것은 보통이다. 평일 점심시간에 열리는 내 강연에도 아내의 손에 이끌려 찾아오는 아버지들의 수가 눈에 띄게 늘어났다.

이렇듯 아내와 마찬가지로 자녀 양육에 힘쓰는 아버지들이 늘어나고 있다는 것은 바람직한 현상이다. 왜냐하면 아직도 이웃이나 친정이나 시댁의 도움 없이 혼자서 육아를 책임지고 있는 외로운 어머니들이 많기 때문이다.

그러나 문제는 자녀 양육을 공동으로 책임지고 있는 부부간에 영보조가 맞지 않는 경우가 꽤 많다는 사실이다. 당연히 '아이의 행복'이라는 같은 목표를 추구하고 있음에도 불구하고, 형평성이나 일관성 없이 뒤죽박죽이다.

그 원인에 대해 몇 년간 연구한 결과, 많은 부부들이 '성(性)의 차이=남녀의 차이'라는 것을 이해하지 못하고 있다는 결론을 내릴 수 있었다. 남편은 여자의 특성을 알지 못하고, 아내는 남자가 어떤 성향을 가진 사람들인지를 알지 못한다. 그러다 보니 상대방에게 기대하는 이상과 현실 사이에 괴리가 생길 수밖에 없다. 서로가 서로에게 불가능한 것을 강요함으로써 계속해서 어긋나게 되는 것이다.

실제로 남자와 여자는 완전히 다르다. 전혀 다른 생명체라고 해도 과언이 아니다. 발상도, 관심도, 사물을 인식하고 느끼는 방식도, 어떤 일에 대응하는 방법도 서로 완전히 다르다.

부부간의 대화를 예로 들어보자. 남편은 아내의 맥락 없고 지루한 수다를 듣는 것이 괴롭다. 핵심도 없는 이야기를 늘어놓지 말고, 요점만 간단히 말해주었으면 좋겠다고 생각한다. 게다가 아내에게 무언가 질문을 받으면 결론을 내려주길 바란다고 생각하기 때문에 언제나 자기가 내린 결론이 정답이라는 듯 말한다.

그러나 아내는 다르다. 뭔가를 해결해주기를 바라는 게 아니라, 단지 이야기를 들어주었으면 한다. "하마터면 큰일 날 뻔했네! 당신, 정말 수고가 많구나!" 하며 공감해주기를 바랄 뿐이다. 때문에 남편이 "그럴 때는 이러는 게 맞아!"라고 하거나 "괜찮을 거야"라고 지나치게 깔끔한 결론을 내리면 서운해한다. 이해받지 못하고 있다는 마음과 함께 불만을 갖게 되는 것이다.

자, 이쯤 되면 또 남편은 그런 아내가 이상해 보이면서 도무지 이해할 수가 없다. '왜 저렇게 매일 짜증만 내고, 툭하면 신경이 곤두서 있는 거지?'라고 생각한다. 아내와의 대화에 싫증을 느끼고, 아내의 얼굴을 보는 것도 달갑지 않다. 그래서 입만 열면 논리적인 말로 아내를 굴복시키려 하거나, 아예 대화 자체를 꺼린다.

이렇게 꼬리에 꼬리를 물고 서로에 대한 반감이 쌓여가는 것이다. 그런 생활이 매일 반복되는데 다정한 부부, 금슬 좋은 부부라는 게 가능하기나 할까. 서로를 소 닭 보듯 하고 있으니 부부 사이의 골은 점점 깊어질 수밖에 없다. 이런 상황에서는 누구의 편도 들어줄 수 없다. 둘 중 누가 잘했다, 못했다 할 것도 없이 '완벽하게 피차일반'이다.

남편을 개라고 생각하십시오!

그런데 대부분의 부부들이 본격적인 자녀 양육을 시작하기 전부터 바로 이 같은 상황에 처해 있다. 연애 시절 제아무리 뜨겁게 타올랐던 커플이라 해도 막상 결혼 생활을 시작하면 서로 '뭐지? 이 인간?'이라고 생각하게 되는 것이다. 그래서 마주 앉아 아이에 대한 이야기를 나누는 것조차 불가능해지는 상태가 많다.

두 사람 다 아이의 행복과 가족의 행복을 진심으로 바라고 있을 텐데, 왜 이런 불행에 빠지는 것일까? 분명 더 행복해지기 위해서 한 결혼인데 말이다.

그렇다면 대체 부부가 행복해지기 위해서는 무엇을 어떻게 하면 좋을까? 답은 간단하다. 두 사람 모두 '성의 차이'를 이해하면 된다. 서로를 같은 인간으로 생각하기 때문에 화가 나고, 실망도 하는 것이다. 그래서 나는 강연이 있을 때마다 어머니들에게 이렇게 말한다.

"남편을 개라고 생각하십시오."

한번 곰곰이 생각해보자. 기르는 개가 집에서 뒹굴뒹굴 낮잠을 자는 모습이나, 칭찬을 받으면 기뻐서 어쩔 줄 몰라 하는 모습을 보고 화를 내는 사람은 없다. 핵심은 바로 여기에 있다. 남편에 대해서도 그런 마음을 가지라는 뜻이다. '나와는 다른 생명체'라는 전제 아래 바라보면 그 사람을 이해하는 일이 한결 쉬워질 것이다.

물론 남편에게 있어 아내 역시 마찬가지다. 개든 고양이든 상관없지만, '다른 생명체'라는 전제하에 그 특성을 있는 그대로 받아들이면서 이해하려 한다면 문제 될 것이 없다.

서로에 대한 이해가 선행된 후에 두 사람이 어떻게 힘을 합쳐서 행복한 가정을 만들어갈 것인가를 함께 생각한다면 분명 좋은 결과가 기다리고 있을 것이다.

이성을 잘 모르는 상태에서 어른이 되어도 괜찮을까?

남녀가 성의 차이를 이해할 수 없게 된 데에는 크게 두 가지 이유가 있다. 첫 번째 이유는 남녀평등이 주류가 되었기 때문이다.

내가 어렸을 때는 학교에서도 가정에서도 '남자아이는 남자답게, 여자아이는 여자답게'라고 배웠다. 구체적으로 어떤 것이 남자다운 것이고, 또 여자다운 것인지를 일상에서 보고 배웠다.

그러나 시대가 바뀌어 남녀를 구별하지 않는, 아니 구별해서 생각하면 안 되는 세상이 되었다. 요즘 학교 선생님들은 남자아이를 부를 때 '○○ 군'이라고 하지 않는다. 여자아이를 부를 때와 똑같이 '○○ 야'라고 한다.

남녀가 평등해진 것 자체는 당연히 바람직한 일이다. 덕분에 사회에서 여성들이 활동할 수 있는 영역이 넓어졌고, 과거에는 남자들의 일로 여겼던 직종에서 여성들이 활약하는 것도 더 이상 드문 일이 아니게 되었다. 그러나 남녀평등 이념이 확산되면서 남성과 여성의 본질이 흐려졌다는 점도 간과할 수 없다.

남성과 여성은 당연히 평등하지만 '같은 것'은 아니다. 그러나 평등을 지나치게 추구한 나머지 성의 차이도 전혀 없는 것처럼 생각하게 된 것이다.

성의 차이를 이해하기 어렵게 만든 두 번째 이유는, 전반적으로 인간관계가 협소해졌기 때문이다. 예전에는 가족이나 친척의 수가 많고 서로 간 왕래도 빈번했다. 이웃들 간의 교류도 활발하고, 서로 도움을 주고받으며 살았다. 아이들은 그런 환경에서 자라기 때문에 어릴 때부터 다양한 연령과 성격을 가진 이성들을 가까이에서 볼 수 있었다.

그러나 요즘은 핵가족화의 영향으로 형제자매의 수가 줄었고, 이웃들과의 교류도 크게 줄어들었다. 그런 환경에서 자란 아이가 남학교나 여학교에 진학할 경우 이성을 접할 기회는 당연히 줄어들 수밖에 없다. 게다가 연애에 소극적인 성향까지 지녔다면 결혼 전 이성에 대해 배울 기회는 거의 없다고 보아도 무방할 것이다.

세상에는 이미 그런 남자와 그런 여자들이 등장하기 시작했다. 누구에게도 성의 차이를 배우지 못한 채 어른이 된 남녀를 얼마든지 볼 수 있게 된 것이다. 그들은 이성에 대한 환상과 기대를 한껏 품고 결혼하지만, 현실 속 상대와 좀처럼 어울리지 못한다.

그도 그럴 것이 남성은 남성의 사고방식이 세상의 상식이자 당연한 것이라 생각하고, 여성은 여성의 사고방식이 세상의 상식이라고 생각하기 때문이다. 서로 별개의 세상에 살면서 상대방이 틀렸다고 믿기 때문에 결말이 나지 않는 것이다. 바로 이것이 현재를 살고 있는 많은 부부들의 모습이다.

이 사람은 대체 어느 별에서 왔을까?
: 남자와 여자의 차이부터 이해할 것

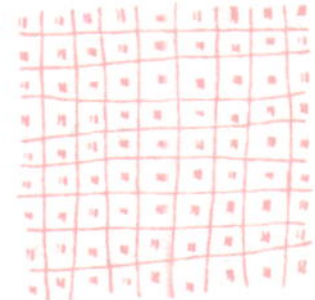

남편과 아내, 서로 본질이 다르다는 것을 인정하라

성의 차이를 이해하지 못해서 불화를 겪는 부부가 증가하면서 동시에 아이들의 학력이나 정서적인 문제에까지도 부정적인 영향을 끼치기 시작했다. 그러므로 이런 상황을 어떻게든 서둘러 해결하지 않으면 안 된다.

나는 '남자아이는 남자답게, 여자아이는 여자답게'를 가르치는 교육을 적절히 부활시켜야 한다고 생각한다. 앞서 말했듯이 남성은 남성만의 사고방식이 옳다고 믿고, 여성은 여성의 사고방식이 당연하다고 굳게 믿는 이상, 남자와 여자는 절대 서로를 이해할 수 없다. 당연히 남편과 아내도 상대를 이해하지 못한 채 살아갈 수밖에 없게 된다.

그렇다고 해서 남녀 차별이 극심했던 과거로 돌아가자는 말은 아니다. 오랜 세월에 걸쳐 남녀의 차이가 사라지고 있고, 육아에 열심인 남성들도 늘어나고 있다. 이 같은 바람직한 흐름은 유지해야 마땅하다. 단, 여기서 강조하고자 하는 것은 남녀란 본질적으로 다른 존재라는 사실이다.

남자와 여자는 각자 나름의 특기를 가지고 있다. 그 특기를 활용하여 서로 도울 때, 가장 바람직한 자녀 양육이 가능하다. 아버지가 자녀를 위해 해야 할 일과 어머니가 해야 할 일은 다르다. 때문에 서로의 특성에 맞게 잘할 수 있는 방식으로 아이를 양육하겠다는 의지가 필요한 것이다.

예를 들어 남자는 아슬아슬한 것을 좋아한다. 벼랑 끝까지 쫓길 만큼 쫓겨서 '살 것인가 죽을 것인가?' 하는 절체절명의 순간에 다다라야 비로소 저력을 발휘한다. 그때가 되어야 살아 있음을 실감하는 것이 남자의 특징이다.

하지만 여자에게는 그와 같은 성향이 거의 없다. 때문에 남자들에게 그런 특징이 본질적으로 존재한다는 것을 알지 못하면 '도대체 왜 그런 위험을 무릅쓰는 거야?'라고 냉담한 반응을 보이기 쉽다. 여자의 이런 반응은 남자의 '행복한 순간'에 찬물을 끼얹는다.

반대로 여자를 생각해볼까? 여자는 수다를 좋아한다. 그러나 대부분의 남자들은 수다가 왜 그렇게 즐거운지 이해하지 못한다. 여자들이 좋아하는 쇼핑도 남자들에게는 단지 함께하고 싶지 않은 고통스러운 일일 뿐이다. 그것이 여자의 특징이라는 것을 알지 못하는 남자는 수다나 쇼핑을 쓸데없는 짓으로 단정해버린다. 그런 생각을 하는 남자들은 여자들에게 '공공의 적'이 되기 쉽다.

물론 요즘의 젊은 부부들에게는 해당되지 않는 사례일 수도 있다. 그럼에도 불구하고 내가 여기서 강조하고 싶은 말은 '나로서는 잘 이해되지 않지만, 저 사람에게는 그것이 행복한 일인가 보다' 하고 이해하는 마음을 갖는 일이 중요하다는 것이다.

아이에게도 남성과 여성의 본질 차이를 이해시킬 것

자, 그렇다면 이제 '남자를 남자답게, 여자를 여자답게'를 가르치는 역할은 누가 맡으면 좋을까?

학교에서 그 모든 교육이 이뤄지면 더할 나위 없이 바람직하겠지만, 오늘날의 학교 교육에서는 기대하기 어려운 일이 되었다. 그나마 성교육에 대해서는 관심을 쏟고 있는 듯 보이지만, 남녀의 정신적인 차이까지 가르치는 일은 좀처럼 쉽지 않을 것이다. 오히려 학교가 '남자는 이렇습니다', '여자는 이렇습니다'라고 일반화해서 역설하면 '차별이다', '개성을 무시하는 교육이다' 하면서 문제가 될 수도 있다.

따라서 성의 차이에 대한 교육은 당연히 가정에서 이루어질 수밖에 없다. 남자아이에게 '남자다움'을, 여자아이에게 '여자다움'을 가르치는 것뿐만 아니라, 여자아이에게 '남자는 이렇단다', 남자아이에게 '여자는 이렇단다' 하고 이성을 이해시키는 것도 중요하다.

그리고 부모가 서로를 존중하며 생활하는 모습을 보여주는 것만으로도 좋은 교육이 된다. 그런 부모를 보면서 자란 아이들은 자연스레 '나도 남자 혹은 여자로서 행복한 인생을 살고 싶다'는 생각을 가지게 될 것이다.

아이의 행복을 바라지 않는 부모는 아무도 없다. 그러나 남자 혹은 여자로서의 행복에 대한 인식은 의외로 부족하지 않은가 싶다. 오히려 아이가 애인을 데리고 오거나, 다른 누군가와 결혼하는 것에 대해 "상상조차 하기 싫다"고 말하는 부모들도 있을 정도가 아닌가.

잘나가는 아이보다 인기 있는 아이로 키워야 하는 이유

내가 운영하고 있는 하나마루 학습회에서는 학생들이 성인이 되었을 때 어떤 사람이 되어야 할 것인가에 대해 다음의 두 가지 목표를 내세우고 있다. 그중 하나가 '제 몫을 다하는 사람'이고, 다른 하나는 '인기 있고 매력적인 사람'이다.

여기서 말하는 제 몫을 다하는 사람이란, 혼자 힘으로 당당하게 살아갈 수 있는 사람이 되기를 바란다는 의미다. 공부만 잘하는 아이가 아니라, 훗날 부모의 도움 없이 경제적·사회적·정신적으로 완전히 자립할 수 있는 성인으로 키우는 것이 자녀 양육의 첫 번째 목표라고 믿는 까닭이다.

그리고 또 한 가지 덕목, 인기 있고 매력적인 사람으로 키우는 것도 매우 중요하다고 믿는다. 그런데 내가 이렇게 말하면 '학습회에서 왜 그런 걸 목표로 삼는 거야?'라며 고개를 갸웃거리는 사람이 있을지도 모르겠다. 결론부터 말하면 '인기 있는 사람'이 되는 것이야말로 행복한 인생을 보내기 위해 꼭 필요하다는 것이 나의 신념이다.

요즘 부모들은 자신의 자녀가 실패나 위기 없이 탄탄대로를 걷기를 바란다. 이른바 잘나가는 사람으로 키우는 것을 목표로 삼고 있는 부모들도 많다. 하지만 당장 성적이 좋고, 그로 인해 일류 대학까지 무난히 마친다 해도 그 이후의 인생이 행복하지 않다면 무슨 의미가 있을까.

여기서 내가 말하는 인기 있는 사람은 단순히 이성에게 인기가 많은 것을 의미하지 않는다. 그럼 어떤 사람을 말하는 것일까? 조금만 더 구체적으로 나열해보겠다.

의욕적이고, 집중력이 넘쳐나는 사람

도전을 두려워하지 않는 사람

즐거운 에너지를 가진 사람

자신만의 철학을 가지고 사는 사람

타인의 기분을 살필 줄 아는 사람

가치 있는 목표를 세울 줄 아는 사람

위기 극복의 경험을 많이 쌓아가는 사람

감성이 풍부하고 유머러스한 사람

유능하고 리더십이 있는 사람

이외에도 얼마든지 많은 항목을 나열할 수 있을 것이다. 아니, 어쩌면 '이렇듯 완벽하게 다 갖춘 사람이 있겠어?'라고 생각할 수도 있다. 하지만 여기서 가장 중요한 포인트는 하나하나의 항목들이 아니라 아이를 세상살이를 위한 전반적인 능력을 갖춘 사람으로 키워보자는 말이다. 이처럼 밝고 건강한 베이스를 가진 사람이야말로 세상이 원하는 인기 있는 사람이라고 믿기 때문이다.

실제로 나이 들면서 점점 더 인기가 높아지는 사람을 만날 때가 종종 있는데 그들의 공통점은 위의 항목들을 적절히 갖추고 있다는 것이다. 얼굴이 잘생기거나 예뻐서 인기가 있다는 것은 아주 짧은, 한때의 영광에 불과하다는 생각을 놓쳐서는 안 된다. 그러므로 아이에게도 그런 생각들을 충분히 이해시킬 필요가 있다.

인간성을 제대로 갖춘 사람이 되면 주변에 사람들이 따르게 마련이다. 이들은 혼자 외톨이로 견디는 인생과는 견줄 수 없는 값진 혜택들을 누릴 것이 분명하다. 무엇보다 하고 싶은 것을 실현할 수 있는 기회를 많이 얻게 될 것이고, 즐거운 인생을 보낼 여건들도 탄탄하게 만들어갈 것이다. 좋아하는 이성의 마음을 사로잡아 행복한 가정을 꾸릴 수도 있다.

나는 바로 이렇듯 '인기 있는 사람이 되는 것'이 가정을 지키는 능력으로도 이어진다고 생각한다. 만일 아이가 그런 사람으로 성장해준다면 부모에게 더 이상의 무슨 바람이 필요할까?

나는 강연 때마다 어머니들에게 이렇게 말한다.
"남편을 개라고 생각하십시오."
한번 곰곰이 생각해보자. 기르는 개가 집에서
뒹굴뒹굴 낮잠을 자는 모습이나, 칭찬을 받으면
기뻐서 어쩔 줄 몰라 하는 모습을 보고
화를 내는 사람은 없다. 핵심은 바로 여기에 있다.
남편에 대해서도 그런 마음을 가지라는 뜻이다.
'나와는 다른 생명체'라는 전제 아래 바라보면
그 사람을 이해하는 일이 한결 쉬워질 것이다.

남성과 여성은 서로 별개의 세상에 살면서
'상대방이 틀렸다'고 믿기 때문에
결말이 나지 않는 것이다.
바로 이것이 현재를 살고 있는
많은 부부들의 모습이다.

남자아이와 여자아이, 어떻게 다를까?
: 유년기부터 이미 성의 차이는 확실히 존재한다

모든 아들은 '멋진 존재'로 인정받고 싶어 한다

남녀의 성(性) 차이는 아이가 어렸을 때부터 이미 존재한다. 유년기의 남자아이는 도무지 가만히 있지를 않는다. 위험한 일에 도전하고 아슬아슬한 스릴을 즐긴다. 누가 제일 높은 곳에서 뛰어내릴 수 있는지를 겨루면서 다치기 직전까지 서로 경쟁하는 것도 좋아한다.

가장 좋아하는 놀이는 전쟁놀이. 총 비슷하게 생긴 물건을 발견이라도 하면 이내 '빵!' 하고 쏘는 흉내부터 낸다. 터부시되는 말을 하는 것도 좋아해서 '똥, 오줌, 고추' 같은 말을 내뱉으며 깔깔거린다. 한 가지에 미친 듯이 빠져드는 것도 남자아이의 보편적인 특징이다. 지하철역 이름을 전부 외우거나, 자동차 이름을 줄줄이 읊어대는 일은 다반사다. 포켓몬 카드를 빠짐없이 모으거나 심지어는 지우개 가루를 모으는 남학생도 본 적이 있다.

'그런 쓸데없는 것들을 모아서 어쩌자는 거야?'라는 발상 자체가 남자아이에게는 없다. 대상이 무엇이든 간에 완벽하게 모으는 데 가치가 있고, 이것은 남자아이들 사이에서 최고의 위치에 오르는 방법이기도 하다. '저 녀석이 10그램이면 나는 20그램이다!'라는 식으로 '멋지다!'는 말을 듣기 위해 최선을 다한다.

그러니까 남자아이들의 세계에서 최고의 훈장이란 자신이 속한 무리에서 '멋지다!'는 인정을 받는 일이다. 그것이 아주 사소한 일이라 해도 상관없다. 우유 빨리 마시기 같은 별 의미 없는 경쟁을 해서라도 멋지다는 말을 듣고 싶은 것이 남자아이들의 본능인 것이다. 내가 어릴 때, 병을 기울이지 않고 우유를 마시는 아이가 있었는데 아이들은 "저 녀석은 우유 마시기의 신이야"라고 말하면서 선망의 눈빛을 보내곤 했다. 여자아이들이 보기에는 참 바보 같은 짓이지만 말이다.

이런 남자아이들의 특징은 대부분 타고난 것이어서 쉽게 고쳐지지 않고 평생 계속된다. 실은 성인 남자들도 그런 면을 가지고 있지만 어른이니까 적당히 감추고 살아갈 뿐이다. 그에 반해 유년기 남자아이는 '남자'라는 존재가 가진 모든 특징을 가장 솔직하게 표현하는 존재로 보면 된다.

어머니들은 그런 남자아이를 두고 '귀엽지만 도대체 왜 그러는 건지 모르겠다'고 생각한다. 그러나 '남편을 개라고 생각하라'와 같은 의미에서 남자아이를 장수풍뎅이 정도로 생각하면 된다. 어머니 자신의 상식에 맞추려 할 것이 아니라, 원래 그런 존재로 생각하며 귀여워해주는 편이 맞다. 그것이 유년기 남자아이를 키우는 요령이다.

공부에 있어서도 유년기의 남자아이들은 수학에 흥미를 갖고 좋아하는 반면, 국어는 그렇지 못한 경우가 많다. 여자아이가 남자아이보다 말이 빠르고, 책이나 이야기에도 금방 친숙해지기 때문에 그렇게 보이는 것이다. 비교해서 말하자면 남자아이의 언어 능력은 여자아이보다 뒤늦게 발달하므로 지레 걱정할 필요는 없다.

실제로 아들을 책 읽기 좋아하는 아이로 만들기 위해 노력하는 어머니들 중에는 뜻대로 되지 않아서 걱정하는 경우가 종종 있다. 그러나 앞서 말한 대로 남자아이가 책에 눈을 뜨는 시기는 여자아이에 비해 조금 늦다. 나 역시 중학생이 되어서야 책 읽는 즐거움에 눈을 떴으니 말이다. 따라서 미리 걱정하지 말고 아이에게 적당한 기회나 시기가 올 때까지 느긋이 기다려주자.

어릴 때는 글로 된 책보다 도감을 좋아하는 남자아이들이 많다. 최근에는 재미있게 편집된 도감들도 많이 나오고 있으니 그런 책들을 권하는 것도 하나의 방법이다. 좋아하는 성향의 책으로 유도하면 책과 함께 노는 일이 한결 자연스러워질 것이다.

생활 속에서 부모가 늘 독서하는 모습을 보여주거나, 책을 읽고 서로 질문하는 시간을 지속적으로 가지는 것도 '책 읽기 좋아하는 아들'로 만드는 방법 중 하나다.

딸들은 '귀엽다'는 소리를 듣기 위해 노력한다

여자아이들의 특징은 무엇보다 귀여운 것, 돋보이는 모습에 매우 흥미 있다는 것이다. 여자아이들은 유년기부터 리본을 달거나 귀여운 원피스를 입거나 스티커를 모으는 것 등을 좋아한다. '귀엽다'는 말을 듣기 좋아하고, 항상 다른 사람의 시선을 의식한다. 참고로 남자아이 중에 귀엽다는 말을 듣고 기뻐하는 경우는 거의 없다.

여자아이는 남자아이에 비해 말을 빨리 시작하고, 커뮤니케이션을 좋아하는 특징을 일찍부터 드러내기 시작한다. 소꿉놀이 같은 역할 놀이를 즐기고, 편지지나 색종이에 편지를 쓰기 시작하는 것도 유년 기 여자아이들의 특징이다. 남자아이가 '똥, 고추' 같은 말을 하며 웃고 있을 때 여자아이는 고급 단어들을 술술 외워나간다.

친한 친구들과 비밀 이야기를 나누고, 단짝 모임을 만드는 것도 여자아이들이다. 그룹 안에서 누가 리더인지에 대해 예민한 것도 특징 이다. 어릴 때부터 인간관계의 역학에 민감한 것이다.

'이 아이가 중심인물이 될 것 같아', '이 아이는 이길 수 없어' 같은 것을 바로 알아차리고, 자신은 어떻게 처신하면 좋을까를 생각한다. 가끔은 그런 세계가 싫어서 독립을 선택하는 예술가 유형의 여자아이 도 있지만, 복잡한 인간관계에 민감한 점은 크게 다르지 않다.

이런 여자아이들의 특징 역시 타고난 것이므로 일생 동안 계속된 다. 여자들은 성인이 되어도 곧잘 직장이나 학부모들 사이에서 그룹을 만들고, 서로의 관계성에 대해 민감하게 반응한다. 처음 만난 사람과 공통점을 찾아내 대화를 즐기는 능력도 남성보다 여성이 더욱 발달되어 있다.

공부에 있어 여자아이의 특징은, 국어는 잘하는데 수학은 별로인 아이들이 많다는 점이다. 여자아이는 학년이 올라갈수록 이과계 과목에서 고생하는 경우가 많다. 역사 과목에는 강하지만, 물리나 수학처럼 추상적인 과목에는 약하다. 'A 구체와 B 구체가 만나 C 방향으로 갈 때……' 같은 문제를 읽으면서도 '뭐라고? 그게 뭐 어쨌다고?'라며 애초에 흥미를 갖지 않는다. 고등학교 때 같은 반이던 한 여자아이가 "물리는 도무지 사랑할 수가 없어"라고 말한 적이 있는데, 아마 그런 느낌인 듯싶다.

그렇다고 해서 여자아이가 이과계 과목에서 좋은 성적을 내는 것이 불가능한 일은 아니다. 유년기부터 퍼즐 게임이나 수수께끼 같은 놀이를 하면서 논리적인 사고를 익히면 수학에 강한 여자아이가 될 수 있을 것이다.

내 경험에 비추어봤을 때, 여자아이가 수학에 약한 가장 큰 이유는 '싫으니까'이다. 여자아이가 사물을 판단하는 주된 기준은 '좋다' 아니면 '싫다'이기 때문에 그렇다. 여자아이는 싫다고 한번 결론을 내리면 그대로 묻어두고 두 번 다시 쳐다보지 않는 성향이 매우 강하다. 그래서 가능성이 있는데도 기회를 놓치는 아이들이 많아 아쉽기는 하다.

이를 막기 위해서는 아이가 '싫다', '못한다' 같은 말을 핑계로 도망칠 때 부모가 바라만 보고 있어서는 안 된다. 아이 앞에서 "애는 산수를 잘 못 하니까" 같은 말을 반복해서 말하지 않도록 주의할 필요가 있다. "따님이 공부를 참 잘하네요"라는 말을 들으면 무심코 "아니에요, 저희 애는 수학을 잘 못 해요"라고 겸손하게 말하는 어머니들이 있는데, 아이는 그 말을 그대로 마음에 담아둔다. 유년기 아이에게 어머니의 목소리는 신의 목소리라고 할 수 있을 정도로 지대한 영향을 미친다는 사실을 잊지 말자.

이상 남자아이의 특징과 여자아이의 특징에 대해 살펴봤다. 물론 개인에 따라 차이는 있다. 어디까지나 평균적으로 그런 경향이 있다는 이야기이므로 내 아이와 다르다고 언짢게 여기지 말고, 양해해주기 바란다.

사춘기, 더 이상 '어제의 그 아이'가 아니다
: 이제 부모와 아이의 관계에도 변화가 생긴다

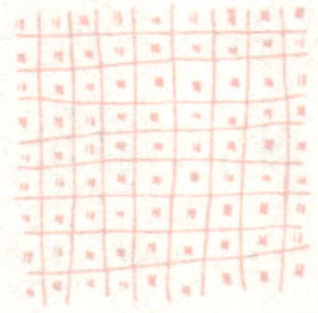

올챙이들, 개구리가 될 준비를 마쳤다

아이가 사춘기가 되면 성에 따른 차이가 한층 더 뚜렷해진다. 우선 '2차 성징'이 이루어지는 시기이므로 남녀 모두 각자의 생물학적 특징을 드러내기 시작한다. 물론 그와 동시에 내면도 크게 변화한다.

아이들마다 조금씩 개인차가 있지만, 사춘기는 대체로 초등학교 3학년쯤부터 서서히 시작되어 5학년 여름 무렵이면 최고조에 달한다. 그리고 한동안은 그 상태가 지속되다가 중학교를 졸업할 때쯤 안정기에 접어든다. 물론 고등학생도 여전히 사춘기이긴 하지만, 그 시기에는 완전히 한 꺼풀 벗겨져서 이미 성인에 가깝다고 할 수 있다.

사춘기는 이를테면 길목이라고 할 수 있다. 갈 길을 정하는 것과 같은 기로에 서게 되는 시기다. 10년도 채 안 되는 그 기간 동안, 아이에서 성인으로 변하기 때문에 사춘기가 되면 아이는 격렬한 심신의 변화를 겪게 되는 것이다. 아이 스스로도 갈피를 못 잡는 것은 물론이고, 부모조차 가까이 가지 못할 정도로 예민해진다. 생물에 비유하자면 올챙이가 개구리가 되는 것만큼 극적인 변화가 일어나는 셈이다.

나는 강연이나 저서를 통해 "자녀 양육에는 두 차례의 시기가 있다"고 언급해왔다. 첫 번째 시기는 4세부터 9세까지로 '올챙이 시기'이고, 두 번째 시기는 11세부터 18세까지로 '개구리 시기'이다.

그 중간인 9세부터 11세까지의 기간은 과도기라고 볼 수 있는데, 손발이 생기기 시작한 올챙이처럼 갈팡질팡하고 불안정한 시기이다. 예전 그대로인 것같이 보이기도 하고, 변한 것처럼 보이기도 한다. 이미 어른이 된 듯 건방지게 굴 때도 있고, 어린아이처럼 응석을 부리기도 한다. 아이의 내면이 크게 요동치는 시기인 것이다. 10세를 아이 인생의 터닝 포인트로 꼽는 것도 바로 이런 이유 때문이다.

10세 이후, 이제 아이를 위한 목표는 '자립'이다

사춘기 아이를 둔 가정이라면 이제 양육 방법에도 변화를 꾀할 필요가 있다. 아이가 달라지듯이, 부모 또한 아이를 대하는 방법을 180도 바꾸어야 한다.

이 시기의 아이에게 일어나고 있는 변화는 모두 '자립'을 향해 있다. 따라서 부모가 "무슨 건방진 소리야!"라고 꾸짖거나, "넌 아직 꼬맹이야" 하면서 여전히 어린아이 대하듯 하는 행동은 절대 금물이다. 이제 막 자립을 위한 첫발을 떼려는 아이를 방해하는 행위이기 때문이다. 숙제를 일일이 챙겨주거나, 아이가 도움을 청해오기 전에 먼저 나서서 도와주는 일도 슬슬 그만두어야 하는 시점이다.

프롤로그에서 말했던 '홀로서기 선언'을 기점으로 부모가 단호하게 마음가짐과 태도를 바꾸지 않으면, 훗날 부모와 아이의 관계에까지 영향을 미친다. 그동안 부모와 아이의 관계가 좋았다고 해서 그 관계를 계속 유지하기 위해 고집을 부리다가는 오히려 관계가 틀어질 수도 있다.

반대로 좋지 않았던 관계가 사춘기를 기점으로 개선되는 경우도 있다. 사춘기는 다소 부정적이었던 부모와 아이의 관계가 긍정적으로 변할 수 있는 마지막 기회다.

서로 간 감정의 골이 얼마나 깊은지에 따라, 혹은 아이 성격에 따라, 또 얼마나 노력하느냐에 따라 결과는 달라지겠지만 사춘기가 되면서 아이의 마음은 충분히 열리게 된다. 만회할 가능성이 있는 것이다.

그 좋은 사례 중 하나로, 꽤 오래전에 상담을 받으러 왔던 어머니와 딸의 이야기를 소개하려 한다.

모녀는 딸의 등교 거부 문제로 나를 찾아왔다. 아이는 학교에서 집단 따돌림을 당한 이후 중학교 2학년 때부터 결석하는 일이 잦아지더니, 고등학교에 입학한 이후로는 전혀 학교에 가지 않고 있었다. 그런데 상담을 진행하는 과정에서 딸이 그동안 마음속에 담아두고 있던 속내를 털어놓았다.

유치원에 다닐 때 어머니가 일을 시작했는데 그 이후 줄곧 외로움을 느꼈다는 것, 여동생만 예뻐한다고 생각했던 것, 좋은 성적을 받으면 칭찬받을 것이라는 생각에 열심히 공부만 했는데 거기에도 한계가 있었다는 것 등등의 내용이었다.

딸의 말을 들은 어머니는 큰 충격을 받은 모습이었다. 그리고 엉엉 울면서 "절대 그렇지 않아. 당연히 너는 사랑스러운 내 딸이야!"라고 말하며 딸을 있는 힘껏 안아주었다.

그 후 아이는 얼마 지나지 않아 다시 학교에 가게 되었다. 어머니의 깊은 사랑을 느끼면서 오랫동안 얼어붙어 있던 아이의 마음이 한순간에 녹아버린 것이다.

사춘기란 이런 것. 어른이 되기 위해 성장통을 겪고 있는 아이를 진심으로 응원하고 격려하면서 가정이 함께 성장해가는 시기다. 아이가 사춘기를 맞으면 부모와 아이의 관계나 가족의 모습을 되돌아보고, 필요하다면 이들 모녀처럼 처음부터 다시 시작해보자. 그것이 아이의 건강한 자립을 위해 부모가 해야 할 역할 중 하나다.

남자아이들의 세계에서 최고의 훈장이란
자신이 속한 무리에서 '멋지다!'는 인정을 받는 일이다.
그것이 아주 사소한 일이라 해도 상관없다.
우유 빨리 마시기 같은 별 의미 없는 경쟁을 해서라도
멋지다는 말을 듣고 싶은 것이 남자아이들의
본능인 것이다.

여자아이는 남자아이에 비해 말을 빨리 시작하고,
커뮤니케이션을 좋아하는 특징을 일찍부터
드러내기 시작한다. 소꿉놀이 같은 역할 놀이를 즐기고,
편지지나 색종이에 편지를 쓰기 시작하는 것도
유년기 여자아이들의 특징이다.
남자아이가 '똥, 고추' 같은 말을 하며 웃고 있을 때
여자아이는 고급 단어들을 술술 외워나간다.

아들은 아버지가, 딸은 어머니가……
: 남자 대 남자로, 여자 대 여자로 진심을 고백하라

사춘기 아이에게 다가설 수 있는 것은 동성 부모뿐

앞서 아이가 사춘기가 되면 부모가 아이를 대하는 태도를 바꾸는 것이 중요하다고 말했는데, 그렇다면 구체적으로 어떻게 바꾸는 것이 좋을까? 이는 부모와 아이의 성별에 따라 다르다.

간단히 말하자면 아이와 성(性)이 같은 부모가 사춘기 이전보다 더 중요한 역할을 맡아야 하는 존재로 급부상한다. 즉 남자아이에게는 아버지가, 여자아이에게는 어머니가 그렇다. 이에 대해서는 제3장과 제4장에서 좀 더 자세히 이야기하겠다.

반면 아이와 성이 다른 부모의 역할은 서서히 줄어든다. 이성의 부모, 즉 남자아이에게는 어머니가, 여자아이에게는 아버지가 그렇다. 사실상 이성의 부모가 사춘기 아이에게 해줄 수 있는 일은 거의 없다. 물론 교육비를 벌거나 식사를 준비하는 역할은 계속해야겠지만, 정신적인 면에서의 지원은 거의 불가능하다.

어쩌면 부모로서는 안타까운 마음이 들지도 모른다. 그런 부모에게 결정타를 날리는 것이 아이가 사춘기가 되면서 이성의 부모를 피하기 시작한다는 사실이다. 남자아이는 어머니에게, 여자아이는 아버지에게 뭐라 말할 수 없는 생리적 거리감을 느끼기 시작한다. 눈에 넣어도 아프지 않을 아이가 자신을 완전히 무시하면서 '시끄러워', '저리 가' 같은 말을 하는 상황이 부모에게는 큰 충격이 되는 것이다.

그러나 여기에는 당사자들조차 자각하지 못하는 내밀한 이유가 있다. 지극히 개인적인 추론이지만, 성에 눈뜨기 시작한 아이의 마음속에서 근친상간을 거부하는 본능적인 프로그램이 작동하고 있는 것이 아닌가 싶다.

따라서 이성의 부모는 원래 그런 시기라고 받아들이는 것 외에는 다른 방법이 없다. 이 시기만 지나면 성숙한 어른이 된 자녀와의 더욱더 풍성한 관계가 기다리고 있을 테니 말이다.

아무튼 사춘기 아이에게 편안히 다가설 수 있는 것은 동성의 부모뿐이다. 이성의 부모는 거리를 두고 지켜보는 것 외에 할 수 있는 일이라곤 동성의 부모를 도와주는 조력자 역할뿐이다. 아들을 남자답게 키우기 위해 노력하는 아버지를 어머니가 돕고, 딸을 여자답게 키우기 위해 최선을 다하는 어머니를 아버지가 돕는다. 그리고 둘 중 누군가가 벽에 부딪쳤을 때 서로의 이야기를 들어준다. 이것뿐이다.

원칙론은 그만! 아이는 진실을 알고 싶다

그렇다면 동성의 부모는 사춘기 아이를 구체적으로 어떻게 지도하면 좋을까? 가장 중요한 것은 부모가 자기 자신이 걸어온 인생에 대해서나 어른이 된다는 것에 대해 좋은 일이든 나쁜 일이든 툭 터놓고 이야기하는 것이다. 제1장에서 언급했던 '성의 차이'에 대한 교육도 이 시기에 이루어진다.

남자답게 살아가기 위해서는 어떻게 해야 하는가? 여자의 행복이란 무엇인가? 이성과의 교제는 어떤 것인가? 이런 이야기는 일반론으로 이야기해서는 아무래도 마음에 잘 와 닿지 않는 법이다.

"엄마는 이랬단다."

"아빠가 고등학교 때는 말이지…….."

이런 식으로 부모 자신의 경험을 이야기해주는 것이 도움이 된다.

사춘기 아이는 자신의 몸과 마음에서 일어나고 있는 극적인 변화에 본인 스스로 혼란스러워하고 있는 상태이기 때문에 자연히 말수가 줄어든다. 그러므로 부모 쪽에서 먼저 자신을 있는 그대로 드러내지 않는 한, 쉽게 의사소통이 이루어지지 않는다.

부모가 먼저, 마치 개가 배를 보이듯 있는 그대로의 자기 모습을 속속들이 드러내 보이면 아이도 부모를 믿고 마음을 열게 된다. 때에 따라서는 자기 자랑을 하는 것도 나쁘지 않지만, 실패했던 일이나 후회되는 일을 숨김없이 털어놓는 것이 더 중요하다. 아이들이 좋아하는 주제이기도 하고, 그런 이야기까지 솔직하게 털어놓는 부모를 전보다 더 믿고 좋아할 것이기 때문이다.

왜냐하면 사춘기 아이들은 진실을 알고 싶어 하기 때문이다. 실제로 어른이 된다는 것은 무엇인가? 현실 사회는 어떻게 돌아가고 있는가? 산다는 것은 무엇인가? 이러한 문제들이 궁금해지는 것이다. 아이들은 사춘기 때부터 철학적인 사고를 하기 시작한다. 이제까지 마냥 존경해왔던 부모님이나 선생님이 그리 대단할 것 없는 인간이라는 사실도 깨닫는다. "우리 담임, 완전 두 얼굴이라며?"와 같은 이야기를 좋아하는 것도 이 시기다. 다시 말하면, 사춘기 아이들에게 '이렇게 해야 한다'라는 원칙론을 내세우는 것은 절대 금물이다. 부모가 진실이 아닌 '원칙'만 말하고 있다는 것을 금방 간파하고, 절대 마음을 열지 않기 때문이다. 오히려 '자기도 별로 대단할 것 없는 주제에!'라고 생각하면서 부모를 경멸할 수도 있다.

"그때 회사를 그만둔 게 엄마가 저지른 인생 최대의 실수였어."

"아빠는 좋아했던 여자의 손도 못 잡았어. 지금도 후회하고 있지."

그동안 살아온 진짜 자신의 이야기를 허심탄회하게 들려주며 "그러니까 너는 그런 실수를 하지 않는 게 좋겠지?"라는 식으로 독려해주는 것이 사춘기 아이에게 가장 유효한 교육 방법이다.

'민폐형 인간'으로 키우고 싶지 않다면?

: 아이는 결코 약한 존재가 아니다

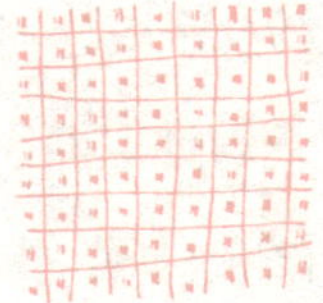

자녀 양육의 분명한 목표가 있는가?

자녀를 양육하고 있는 부모들이 진지하게 생각했으면 하는 것이 '자녀 양육의 목표가 무엇인가?'이다. 여기서 말하는 목표가 아이를 일류 대학에 보내고 좋은 회사에 들어가게 하는 것을 의미하는 것은 분명 아니다. 주변 사람에게 사랑받고, 친구들이나 가족과 즐겁게 지내는, 사회성과 인간적인 매력을 갖춘 사람으로 키우는 것이야말로 자녀 양육의 진정한 목표가 아닐까 생각한다.

어려움이 닥쳐도 웃는 얼굴로 극복할 수 있는 강인함을 가진 사람. 어쩌면 이 하나의 목표만 가지고 키운다 해도 충분하지 않을까 싶다. 눈에 보이는 것들, 이를테면 입시나 취업 혹은 번듯한 결혼 상대 같은 식의 '조건'을 '목표'로 생각하지 않기를 바란다.

유년기에는 어머니가 중심이 되어 애정으로 아이를 보살피고, 사춘기에는 동성의 부모가 아이의 성장을 착실히 지원해준다고 가정해보자. 만일 부부가 협력하여 이런 자녀 양육을 하고 있다면 내 아이가 '민폐형 인간'으로 자라는 일은 결코 없을 것이다.

남자아이는 남성으로서, 여자아이는 여성으로서 제대로 성장하여 사회에서 제 몫을 충분히 할 것이라 믿는다. 인기 있으면서 매력적인, 그야말로 완전한 의미에서의 행복한 성인으로 자랄 것이 틀림없다. 이를 위해서는 부모가 의식적으로 아이를 바깥세상으로 내보내려는 노력을 하는 것도 필요하다. 아이가 다양한 경험을 할 수 있도록 말이다.

한마디로 아이가 겪는 모든 경험은 아이를 성장시키는 밑거름이 된다. 아이를 지킨다는 명목으로 집 안에서만 감싸고 도는 대신, 조금씩 바깥세상으로 내보내서 힘든 경험도 하게 만들고, 괴로운 기억도 갖게 해보자. 그리고 아이가 힘들어 보인다 해서 너무 쉽게 도움의 손길을 내밀지 말자. 그런 때일수록 아이를 말없이 지켜봐주는 시간이 필요하다. 왜냐하면 그 시기야말로 더 크게 성장하고 있는 순간이기 때문이다.

알고 보면 약한 남자아이 VS 의외로 강한 여자아이

요즘 세태를 보면 남자아이가 남자답게 자랄 수 있는 풍토가 완전히 사라져버렸다는 사실을 통감하게 된다. 솔직히 말해서 남자는 여자에 비해 기본적으로 약한 생명체다. 평균 연령이 짧은 것도 남자이고, 자살률이 높은 것도 남자다.

보통 배우자가 죽었을 때 여자는 평균 10년 정도 더 생존하는 데 비해, 남자는 평균 3년 만에 사망한다는 조사 결과도 있다. 남자의 약함을 단적으로 보여주는 사례다. 또 남자는 아내가 죽었을 때 기가 죽는 반면, 여자는 '유쾌한 미망인'으로 다시 새로운 인생을 시작한다.

남자아이를 '남자답게' 가르치며 키워야 한다고 말하는 이유도 여기에 있다. 남자니까 더 강해져야 한다거나 군림해야 한다는 뜻이 아니라, 심지가 약한 것을 딛고 일어나 더욱 단단해지기를 바라는 응원인 셈이다.

옛 사람들은 일찍부터 이런 사실을 알고 있었던 게 분명하다. 그래서 남자는 강해야 한다고 훈육했던 것이 틀림없다. 여자아이에게는 특히 시집가서 남편을 존중하도록 가르친 이유도 같은 맥락일지 모르겠다. 그렇지 못하면 남자가 밖에 나가 당당하게 제 몫을 할 수 없을 것이라고 믿었을 테니 말이다.

그러나 오늘날의 교육은 색깔이 많이 달라졌다. 아이의 성별에 관계없이 똑같이 가르친다. 싸움을 해서는 안 된다 하고, 나무에 오르는 것도, 시끄럽게 떠드는 것도 안 된다고 가르친다. 예의 바르게 행동하는 것만이 바람직하다고 생각하는 듯싶다.

아이들이 싸움이라도 할라치면 부모가 성급히 중재에 나서거나, 혹은 깊이 관여해서 잘잘못을 따지기에 급급하다. 아이들끼리라면 이내 화해할 수 있는 싸움을 부모가 나서서 '사건화'하는 바람에 오히려 사이가 더 안 좋아지고, 가끔은 이것이 원인이 되어 친구 관계가 깨지는 경우까지 있다. 여자아이도 그렇지만 특히 남자아이들은 싸우는 과정에서 관계를 더 돈독히 하고, 인간관계를 배운다. 부모의 참견이나 간섭은 말 그대로 '쓸데없는 짓'이다.

요즘 같은 시대에 남자아이를 남자답게 키우는 것은 결코 쉬운 일이 아닐 것이다. 그러나 아버지의 노력 여부에 따라 충분히 가능한 일이기도 하다. 아버지들은 지금부터 '남자'를 키우는 매우 중요한 역할을 완수해야 한다는 것을 명심하기 바란다.

학교 동아리 활동에 참여하고, 좋은 교사나 선배와 함께 심신을 단련하는 것도 물론 중요하다. 그러나 일상생활을 함께하는 아버지의 역할에는 비할 수 없다. 아버지가 젊었을 때 경험했던 장난, 싸움, 연애, 실연 등에 대해 숨기지 말고 이야기하자. 그러면 아들은 '어? 나름 말이 통하는데!'라고 생각하며, 아버지의 이야기에 더욱더 귀를 기울이게 될 것이다.

반면 여자아이는 본질적으로 강하고 현실적인 생명체다. 현실에서 살아남는 힘은 남자보다 여자가 압도적으로 강하다. 여자아이가 자신의 그런 본질적인 강인함에 눈을 뜨기 위해서는 어머니의 역할이 중요하다. 사춘기가 된 딸에게는 '현실을 사는 지혜'를 가르쳐주자.

사춘기 여자아이에게는 더 이상 아름다운 것이 통하지 않는다. 어머니가 자신의 이야기를 숨김없이 있는 그대로 들려줄 때, 딸은 어머니의 이야기에 귀 기울인다. 동시에 어머니에 대한 신뢰도 점점 두터워질 것이다.

덧붙이고 싶은 글 ❶

문득 돌아본 나의 사춘기 시절

내 사춘기 시절을 되돌아보면 소중한 몇몇 만남들이 떠오른다. 고등학교 때 나는 야구에 푹 빠져 있었다. 선배들과 매일같이 운동하면서 심신을 단련했다. 요즘도 여름학교에서 아이들과 운동을 하는데 웬만해서는 지치지 않는다. 고교 시절에 야구로 체력을 단련한 덕분이 아닐까 싶다.

나에게 연애와 인생을 가르쳐준 것은 심야 라디오 DJ들과 책이었다. 독서에 눈을 뜨게 된 계기는 중학교 때 사촌 형에게 추천받은 《전쟁을 모르는 아이들》이라는 책이었다. 당시 내가 고민하고 있던 문제에 대한 답을 그 책에서 발견한 후부터 다른 책들도 미친 듯이 읽어치운 기억이 있다.

그리고 그 이상으로 나를 성장시켜준 것이 고등학교 시절의 여자 친구였다. 연애편지를 몇백 통이나 받을 정도로 인기가 많았던 그녀가 아직 어린 아이 같았던 나에게 '여자란 이렇다'라는 것을 가르쳐주었다. '이성은 다른 생명체'라는 나의 신념은 어쩌면 그녀에게 배운 것일지도 모른다.

그 집 아이는 혼자서도 잘합니까?

2

10세가 된 새 학기 첫날,
'홀로서기 선언문'을 발표하고
아이를 어른으로 대접하라

아직 10세 이전이라면 무조건 사랑을 줄 것
: 올챙이 시절의 교육은 인생의 단단한 뿌리!

지나친 간섭과 보호는 이제 그만!

사춘기는 아이가 어른으로 성장하는 중요한 시기다. 아이의 성장이나 부모 자식 관계가 어떤 방향으로 나아갈 것인가를 결정하는 시기이기도 하다. 그런 사춘기의 기본 토대가 되는 것이 유년기, 즉 올챙이 시절이다.

4세에서 9세까지의 아이라면 무조건 애정을 쏟으며 키우는 것이 정답이다. 웃음이 넘치는 화목한 가정, 구김살 없고 무던한 일상에서 아이는 안정감을 갖는다. 그리고 부모와 아이 사이에는 강한 신뢰 관계가 구축된다.

단, 지나치게 아이를 보호하거나 간섭하지 않도록 주의하자. 부모는 아이가 예뻐서 어쩔 줄 몰라 하며, 아이의 모든 응석을 무심코 받아주기 쉽다. 특히 주의하라고 일러두고 싶은 것은 이런 일들이다.

우선 쓸데없는 물건을 사주는 일, 아버지는 늘 부재중이고 어머니와 아이가 오직 집 안에만 틀어박혀 있는 '방콕'식 양육 그리고 지나치게 위생과 청결에 집착하는 것. 이런 방식은 절대 금물이다. 이로 인해 아이는 무언가 부족하고 허약한 사람이 되기 쉽다. 이 세 가지는 내가 오랫동안의 상담을 통해 많은 문제를 일으키는 아이들을 분석한 결과, 공통적으로 발견한 요인들이다.

먼저 '쓸데없는 물건을 사주는 일'을 좀 더 자세히 말해보겠다. 패밀리 레스토랑이나 편의점에 갈 때마다 아이가 사달라는 것을 모두 사주는 부모들이 있는데, 그래서는 아이가 인내심을 배울 수 없다. 욕망이 바로 충족되지 않는 상황을 견디는 법은 유년기 때 몸에 익숙해지도록 훈련시켜야 한다. 그러지 않으면 두고두고 고칠 수 없다. 부모가 확실한 기준을 세워서, 안 되는 것은 안 된다고 단호하게 거절할 줄 알아야 한다. 아이들은 세상만사의 옳고 그름에 대한 기준을 어른들로부터 배운다. 부모의 기준이 모호하면 아이는 그만큼 불안해진다.

두 번째는 잦은 부재로 인해 아버지의 존재감이 매우 적은 가정에서 유의해야 할 사항이다. 아버지들은 밖에서 가족을 위해 바쁘게 일하지만, 평소 그 모습을 볼 수 없는 아이는 그런 사실을 실감하지 못한다. 아버지가 너무 바쁜 가정에서는 자녀 양육의 대부분을 어머니 혼자 떠맡게 되고, 이로 인해 캡슐 같은 폐쇄적인 가정 환경이 조성된다. 바쁜 남편과 이야기를 나눌 시간도 없이 어머니들은 집 안에만 틀어박혀 고독과 불안 속에 아이를 키운다. 이런 비정상적인 환경이 아이의 성장에 도움이 될 리 없다.

유년기에 가장 중요한 기본은 '놀이'다. 놀이는 아이가 무언가에 몰입하게 하면서, 감수성이나 학력의 기초를 다져준다. 인간관계를 배우는 것도 모두 놀이를 통해서라고 해도 과언이 아니다. 특히 이 시기에 아버지와 마음껏 밖에서 뛰어노는 일은 아이의 성장에 매우 중요하다. 그러나 대부분의 아버지들은 휴일에도 피곤에 지쳐 좀처럼 아이들과 놀아주지 못하는 것이 현실이다.

위생과 청결을 강요하지 말 것

세 번째로 위생과 청결에 집착하는 것도 유년기 아이를 둔 부모들이 주의해야 할 점이다. 요즘에는 각종 살균 제품들이 큰 인기를 끌고 있다고 한다. 살균 스프레이, 살균 물티슈 등은 아이를 키우는 엄마들의 필수 아이템이 되었다.

하지만 나는 과연 그토록 위생과 청결에 집착할 필요가 있을까 하는 의문을 가지고 있다. 그 정도로 세균이 걱정된다면 차라리 무균실에서 생활하는 것이 가장 이상적이지 않을까?

세균은 어디에나 있기 마련이고, 그런 환경을 완벽하게 피할 수 없다면 적응하면서 살아갈 수밖에 없다. 그리고 사실 대부분의 세균은 건강한 사람이라면 누구나 이길 수 있으며, 그런 과정을 반복하면서 인체는 면역력을 갖게 되는 것이다. 이는 면역학자인 후지타 고이치로가 자신의 저서에서 주장하는 내용이기도 하다.

그러나 요즘 육아 현장에서는 지나친 위생과 청결이 대세인 듯하다. 지인의 이야기에 따르면, 한 유치원 입학 설명회에서 "자녀분들이 아침에 신고 온 양말을 새하얀 상태 그대로 신고 돌아가게 하겠습니다"라는 진행자의 말을 들은 어머니들이 크게 감격했다고 한다. 또 다른 유치원에서는 부모가 "우리 아이가 유치원에서 모기에 물렸어요. 어떻게 책임질 거예요?"라며 들이닥친 일도 있었다고 한다.

아이가 밖에서 놀다 보면 흙투성이가 되기도 하고, 벌레에 물리기도 한다. 그런 것을 청결하지 못하다는 이유로 무턱대고 막으려 하는 것이 과연 아이들을 위한 일일까?

이는 비단 생리적 차원만의 문제가 아니다. 괴로운 경험, 자유롭지 못한 상황을 참아내는 인내, 힘들었던 기억도 아이에게는 어느 정도 필요하다. 오히려 더 많이 경험할 수 있게 해주는 것이 좋다. 아이는 부모가 생각하는 것보다 강하고, 스스로를 단련시키고 성장하고자 하는 에너지를 본래부터 가지고 있다.

초등학교 3학년 6월,
드디어 개구리가 되다
: 아이들이 집중적으로 변하는 시기를 파악하라

부모들의 어설픈 속임수는 통하지 않는다

올챙이에서 개구리의 시기로 옮겨가는 시점은 앞서 언급했듯이 9세부터 11세까지로 대략 초등학교 3~5학년에 해당되는 시기다. 이제 막 팔과 다리가 생기기 시작한 올챙이처럼 어중간한 모습을 보이는 것이 이 시기의 아이들이다.

물론 어느 정도 개인차는 있다. 같은 아홉 살짜리 아이 중에도 태어난 달에 따라 차이가 있고, 가정에 형제자매가 있는지 여부에 따라서도 차이가 있을 것이다. 물론 부모의 성격이나 타고난 성향 등도 영향을 미칠 수 있다. 그러나 내가 오랜 기간 동안 관찰해본 결과, 남녀를 불문하고 이런 변화가 집중적으로 일어나는 시기는 대체로 초등학교 3학년 6월쯤이다.

그 원인은 정확히 모르겠지만 매년 장마철이 되면, 초등학교 3학년 아이를 둔 어머니들이나 학원 선생님들로부터 아이들이 공부도 잘 안 하고 말도 전혀 듣지 않는다는 이야기를 자주 듣는다. 올해도 변함없이 장마철이 되자 우리 학원의 젊은 선생님들이 "왔다, 왔어"라고 수군대면서 술렁거렸다.

아이가 초등학교 2학년에서 3학년이 되는 것은 1학년에서 2학년으로 올라가는 것과는 사뭇 다르다. 이 시기는 아이들이 크게 한 단계 도약하는 시기이기 때문이다. 성장이 빠른 아이들은 이때부터 벌써 몸에 변화가 생기기 시작하는데, 아마 그런 신체적인 변화와도 관련이 있을 것이다.

실제로 한 학생에게는 다음과 같은 변화가 있었다. 아이의 부모는 아이가 말을 안 들을 때마다 "마음대로 해. 앞으로 네가 좋아하는 피아노 학원에 안 보낼 테니까"라고 말했다고 한다. 그러면 아이는 이내 울면서 잘못했다고 빌었다. 한데 그랬던 아이가 초등학교 3학년 6월쯤부터는 갑자기 "안 보내준다고? 어차피 그러지도 못할 거면서!"라고 말대답을 하기 시작했다는 것이다.

지극히 전형적인 사례 중 하나다. 이제까지 효과가 있던 '속임수'가 갑자기 통하지 않아 부모들은 아이들을 다루기가 어려워진다. 이른바 아이들의 '반항기'가 시작된 것이다.

"엄마가 최고야!" 혹은 "아빠가 제일 멋있어!" 하며 마냥 순수하기만 했던 아이들이, 부모도 실제로는 대단할 것 없는 인간이라는 사실을 알아차리기 시작한다. 그리고 마치 모든 것을 다 알고 있다는 태도로 어른들의 모순이나 불완전함을 날카롭게 파고들기 시작한다.

"네!" 하며 고분고분 대답하지 않고, "네, 네, 네~"라고 내키지 않는 듯, 건성으로 대답하는 일이 많아진다. 말수가 줄어들고 어쩌다 가끔 입을 열어도 억지소리나 건방진 말만 늘어놓는다. 부모가 "너는 혼자서 큰 것처럼 말하는구나!"라고 나무라도 전혀 귀담아듣지 않는다.

이럴 때 대부분의 부모들은 아이의 성격이 나빠졌다며 고민한다. 하지만 그것은 말도 안 되는 오해다. 이렇듯 반항적인 행동이나 건방진 언행은 아이가 건전하게 성장하고 있다는 증거이므로 걱정하지 않아도 된다. 오히려 아이가 변함없이 고분고분하고 순수한 경우가 더 걱정스러울 정도다.

또 아이가 자신을 무시한다는 생각에 부모로서 자신감을 잃고 우울해하는 사람들이 있는데 이 역시 오해다. 아이는 여전히 부모를 좋아하고 필요로 하고 있다. 일견 부모를 무시하는 것처럼 보이는 것은 부모로부터 정신적으로 자립하고 싶다는 마음이 강해지는 시기이기 때문이다.

아이의 반항은 학년이 올라갈수록 점점 심해져 "내 일에 간섭하지 마!" 같은 말도 하기 시작한다. 특히 남자아이는 어머니가 간섭하는 것에 대해 극도의 거부감을 갖는다.

하지만 그러다가도 갑자기 어린아이처럼 응석을 부리거나 훌쩍훌

쩍 울기도 한다. 특히 올챙이 시기에서 개구리의 시기로 넘어가는 초
등학교 3~5학년 사이에 이런 패턴을 반복한다. 왜냐하면 이 시기의
아이들은 온 힘을 다해 개구리가 되기 위한 연습을 하고 있는 것일 테
니까.

남녀 불문하고 '나쁜 짓'에 현혹된다

사춘기가 시작되면 아이들은 기본적으로 불량해진다. 물론 과거처
럼 극단적인 문제를 일으키는 '문제아'들은 많이 줄어들었지만 사춘기
가 되면서 남녀 불문하고 '나쁜 짓'에 현혹되는 성향이 강해진다는 점
은 시대가 변해도 그대로다.

유년기부터 어른들에게 거듭해서 들었던, 그래서 이제까지는 당연
하다고 생각했던 '바르게, 착하게, 아름답게'라는 가치관이 갑자기 왠
지 진부해진다. '바르고 착하면서 아름답게 커서 뭐? 뭘 어쩌라고?' 하
는 식의 생각을 하거나 그런 말을 거침없이 내뱉는 행동이 멋있다는
생각을 하기 시작한다. 그래서 남자아이들은 물론 여자아이들도 일부
러 거친 말을 하거나 어른들을 바보 취급하는 발언을 하기 시작한다.

"○○이 담배 피운대" 혹은 "쟤네 둘이 어른들도 없이 강남으로 놀
러 다닌다던데?" 같은 이야기가 아이들 사이에서 무용담처럼 떠돈다.
그리고 그런 무용담의 주인공은 비록 어른들에게는 혼이 날지 몰라도
아이들 세계에서는 오히려 동경의 대상이 된다.

며칠 전 책을 읽던 중에 사춘기 아이들의 그런 성향이 어쩌면 인간의 생물학적인 본능과 깊은 관련이 있지 않을까 하는 생각이 들었다. 그 책에는 이렇게 쓰여 있었다.

동물이 사냥감에게 발각되지 않고 사냥에 성공하기 위해서는 어느 정도의 비열함이 필요하다. 사냥감의 뒤쪽으로 슬쩍 돌아가서 불시에 목덜미를 물어야 한다. 인간의 진화 과정에도 그와 같은 시기가 있었는데, 상대의 뒤통수를 노릴 때의 쾌감이 인간의 유전자 어딘가에 저장되어 있다. 사춘기가 되면 도둑질 같은 나쁜 행동을 하며 스릴을 즐기고 싶어 하는 것도 아마 그 기억이 되살아나기 때문이 아닐까.

일탈을 일삼았던 과거 사춘기 아이들을 떠올려보면 왠지 수긍이 가는 가설이다. 남자아이들끼리 기 싸움을 벌이고, 마음이 맞는 친구들과 비밀 모임 같은 것을 만들고, 마음에 들지 않는 아이를 불러내 폭력을 휘두르는 행동들도 모두 그런 심리에서 기인한 게 아니었을까?

나도 초등학교 5학년 때 '오늘은 ○○이랑 ○○이다!'라는 식으로 돌아가며 싸움을 하고 다녔다. 어른들이 보기에는 위험해 보일 수도 있지만, 싸움이 끝나면 이내 사이가 좋아져서 함께 어울려 다니곤 했던 것을 보면 단지 철이 없었을 뿐이라고 생각된다. 남아도는 에너지를 '싸움'이라는 방식으로 발산했던 것이다.

요즘은 그런 일도 거의 없는 듯싶지만, 어쨌든 남자아이들은 기본적으로 '강함'에 가치를 두고 '강해지는 것'을 목표 삼아 싸우며 살아간다. 수컷들은 본능적으로 힘겨루기를 좋아하기 때문이다.

여자아이들도 '나쁜 짓'에 현혹된다는 점에서는 차이가 없지만, 남자아이들과 달리 폭력이 아니라 정신적인 압박을 가한다는 점이 특징이다. 여자아이들은 어렸을 때부터 무리에서 누군가를 따돌리는 것을 즐기는 성향이 있다. 사춘기에는 그런 성향이 한층 더 강해져서 돌아가며 서로가 서로를 따돌리는 일이 비일비재하다.

"있잖아. ○○이, 요즘 좀 재수 없지 않니?"

"맞아 맞아, 나도 그렇게 생각해."

이런 짧은 대화가 계기가 되어 두 아이가 한 아이를 따돌린다. 하지만 그런 상황은 오래 지속되지 않는다. 얼마 지나지 않아 의기투합했던 두 아이 중 하나가 이번에는 또 다른 아이와 손잡고 나머지 하나를 따돌린다. 러시안 룰렛과도 같은 여자아이들의 이런 치열하고 복잡한 인간관계는 중학교 2학년쯤 되면 최고조에 달한다.

내가 오랜 기간 동안 관찰해본 결과, 남녀를 불문하고
이런 변화가 집중적으로 일어나는 시기는 대체로
초등학교 3학년 6월쯤이다.
"엄마가 최고야!" 혹은 "아빠가 제일 멋있어!" 하며
마냥 순수하기만 했던 아이들이, 부모도 실제로는
대단할 것 없는 인간이라는 사실을 알아차리기
시작한다. 그리고 마치 모든 것을 다 알고 있다는
태도로 어른들의 모순이나 불완전함을 날카롭게
파고들기 시작한다.

하지만 그러다가도 갑자기 어린아이처럼 응석을
부리거나 훌쩍훌쩍 울기도 한다. 특히 올챙이 시기에서
개구리의 시기로 넘어가는 초등학교 3~5학년 사이에
이런 패턴을 반복한다. 왜냐하면 이 시기의 아이들은
온 힘을 다해 개구리가 되기 위한
연습을 하고 있는 것일 테니까.

'홀로서기 선언' 이후에는
아이와 거리를 두자

: 홀로서기 선언은 10세 아이들의 주민등록증

사춘기 아이들에게 '비밀'은 기본 옵션이다

부모의 영향권에서 벗어나기 시작한 아이들이 정을 주고 마음을 기대는 것은 다름 아닌 친구들이다. 사춘기에는 부모보다 친구들과의 연대가 더 중요해지는 것이다. 함께 사춘기를 보내고 있는 친구들이야말로 무엇이든 함께 이해해주는 존재이기 때문이다. 그런 까닭에 부모에게는 그만큼 비밀이 많아진다.

아이가 비밀을 갖고 있다는 사실이 사춘기 아이를 둔 부모들의 또 다른 고민 중 하나인 듯싶다. 그러나 사춘기 아이에게 비밀은 기본 옵션이다. 이 역시 지극히 건전한 성장의 징표다.

아이에 관한 일이라면 모두 알고 싶어 하고, 곤란하거나 괴로운 일도 빠짐없이 말해주었으면 좋겠다는 어머니들이 적지 않다. 그러나 이것은 사춘기 아이들에게는 무리한 요구가 아닐 수 없다. 특히 남자아이들은 자기 의지와 상관없이 여성에 대한 성적인 관심이 많아지고, 그런 생각들로 언제나 머릿속이 몽롱한 상태다. 그런 이야기를 어머니와 공유하는 것은 불가능하다. 아니, 어머니이기 때문에 더더욱 절대 공유하고 싶지 않은 것이다.

내가 10대였을 때, NHK 교육 방송에서 젊은이들을 대상으로 한 〈YOU〉라는 프로그램을 방영하고 있었다. 한번은 그 프로그램에 정신과 의사인 사이토 시게타가 게스트로 출연해 사춘기에 대해 이야기한 적이 있다. 당시 그 이야기가 꽤 인상 깊었던지 아직까지도 내용을 통째로 기억하고 있다. 특히 기억에 남은 것이 다음과 같은 말이었다.

"제가 사춘기가 되었을 때 어머니는 저에게 딱 한마디밖에 하지 않으셨습니다. 비밀을 가지라고요."

당시 스튜디오에 있던 학생들은 뭐가 대단하다는 것인지 이해할 수 없다는 표정들이었는데, 텔레비전을 보고 있던 나 역시도 이해가 안 되기는 마찬가지였다. 다만 비밀을 가지라는 말에 뭔가 '진실' 비슷한 게 숨어 있는 것 같다고 막연히 느꼈을 뿐이다. 그리고 이런 결심도 했다. 앞으로는 나만의 세계를 만들어가는 것이 중요하다고, 그 세계에 부모님이 들어오게 해서는 안 된다고 말이다.

이처럼 사춘기 아이는 부모에게 알리고 싶지 않은 것들에 관심을 보이기 시작하고, 그 사실을 부모에게 들키지 않도록 행동한다. 여기서 중요한 것은 부모들이 아이의 그런 행동을 거짓말로 생각하지 말아야 한다는 점이다. 이 시기의 아이들은 자신의 변화에 스스로도 크게 당황하고 있는 상태이기 때문에, 부모에게 걱정을 끼치지 않으려고 애쓰고 있는 것이다.

나 역시 그런 사춘기를 보냈다. 머릿속은 온갖 성적인 생각으로 가득 차 있었고, 밖에서는 친구들과 치고받으며 싸우기 일쑤였다. 그러나 여전히 어머니 앞에서는 우등생이었다. 학교에서는 학생회장이었고, 집에서는 "어머니, 무얼 도와드릴까요?"라고 말하는 상냥한 아들이었다.

어머니를 속이려던 것은 아니었다. 그 두 가지 모습이 모두 다 '나'였다. 내 마음속에서는 선생님과 부모님이 흡족해하는 우등생인 나와, 진짜 하고 싶은 것을 하지 못하는 또 다른 나가 치고받으며 싸우고 있었으므로 그 사이에서 나는 항상 괴로웠다.

안심하고 맡길 수 있는 '가정 밖의 스승'을 찾자

프롤로그에서 말했듯이, 이제부터 어른으로 대우하겠다는 '홀로서기 선언'은 10세가 된 아이들에게 매우 어른스러운 에너지를 불어넣는다. 이를테면 성인이 되었음을 인증하는 주민등록증 같은 효과를 갖는다. 그러니까 홀로서기 선언문은 10세 아이들의 주민등록증 같은 것? 이런 의미를 부여하는 셈이다. 새 학기 첫날, 새 마음으로 시작하는 아이를 세워놓고, 온 가족이 보는 앞에서 선언하는 것이 효과적인 이유도 여기에 있다. 무언가 새로운 인생이 시작되는 날이라는 사실을 확실히 느끼게 해주는 것이다.

이렇게 홀로서기 선언을 하고, 부모의 품으로부터 조금씩 아이를 떼어놓는 연습이 시작되면 동성 부모의 역할이 매우 중요해진다는 것을 이야기한 바 있다. 그런데 동성 부모와 함께 사춘기 아이에게 필요한 또 다른 존재가 바로 '가정 밖의 스승'이다.

가정 밖의 스승이란 아이의 몸과 마음을 단련시켜줄 수 있는, 부모가 아닌 연상의 인물을 뜻하는데, 운동부 감독이나 무술 선생님 등이 좋다. 예를 들면 태권도장이나 검도 학원 등의 교사 등이다. 왜냐하면 무술이란 예(禮)로 시작해서 예로 끝나는, '도(道)'를 닦는 운동이므로 아이들의 정신 수양에 큰 도움이 된다.

나는 아이들에게 운동만큼 좋은 활동도 없다고 생각한다. 하지만 아이가 운동에 관심이 없다면 음악이나 그림, 서예 등을 가르치는 것도 좋다. 예술 계통의 선생님들도 가정 밖 스승으로서의 역할을 충분히 해줄 수 있다.

가시적인 목표를 제시하고, 그 목표를 이루는 과정에서 아이를 단련시켜줄 수 있는 사람이라면 가정 밖의 스승으로 제격이다. 경험이 풍부하고 나름의 확고한 신념을 가지고 있는 사람이라면 더더욱 좋다. 이런 사람들은 운동을 하거나 그림을 그리는 방법뿐만 아니라, 인생에 대해서도 가르침을 줄 수 있기 때문이다.

좋은 스승은 인사의 중요성, 게으름 부리지 않고 꾸준히 연습하는 자세, 무슨 일이든 결국에는 자기 힘으로 하지 않으면 안 된다는 것 등을 아이에게 가르쳐줄 것이다.

사춘기가 되면 아이들은 나태해진다. 그대로 내버려두면 온종일 하는 일 없이 빈둥빈둥 시간을 보낸다. 부모는 그런 아이가 신경이 쓰여 참을 수 없지만, 공교롭게도 부모의 말은 더 이상 먹히지 않는다. 이때 부모 대신 따끔하고 엄하게 가르쳐줄 누군가가 필요해지는 것이다.

참으로 희한하게도 사춘기 아이들은 가정 밖의 스승을 잘 따른다. 부모에게는 "시끄러워!"라는 말을 거침없이 내뱉던 아이가 야구부 감독 앞에서는 모자까지 벗고 "수고하셨습니다!" 하며 얌전히 고개를 숙인다. 사춘기가 되면 나태해지기도 하지만, 한편으로는 그런 자신을 엄격하게 대하는 존재도 필요로 하는 것이다. 이상하고도 재미있는 부분이다.

특히 아이들은 좋고 나쁜 기준이 확실한 사람을 좋아한다. 그런 사람과 함께 있을 때는 아이가 마치 다른 사람인 것처럼 행동할 정도다. 남다른 실력이나 재능을 가진 사람을 신처럼 따르는 경우도 있다. 만약 사춘기 아이에게 그런 가정 밖의 스승이 한 명이라도 있다면 일단은 안심이다.

그러나 운동부 감독이나 학원 선생님들은 매일같이 아이와 얼굴을 마주하기 어려우므로 이상적인 가정 밖의 스승에는 조금 못 미칠 수도 있다. 그렇다면 아이가 잘 따르고, 그런 아이를 단련시켜주면서 매일 얼굴을 마주할 수 있는 사람은 또 누굴까? 이 세 가지 조건에 딱 들어맞는 사람이 바로 동아리 선배다.

아이에게 동아리 활동은 꼭 필요한 경험이므로 아이가 중학교에 들어가면 동아리 활동에 적극 참여하도록 독려하자. 특히 운동 동아리를 추천하고 싶다. 한창 공부해야 할 시기에 운동이라니…… 하고 생각하는 것은 어리석다. 몸 안의 에너지를 제대로 분출해야 비로소 뇌의 작용도 원활해지는 법이다.

중학교 시절의 동아리 활동 덕분에 아이가 달라졌다는 사례가 매우 많다. 그 대부분이 다부진 아이가 되었다, 적극적인 성격으로 변했다, 노력을 아끼지 않는다, 좋은 친구들이 생겼다 등등의 긍정적인 변화들이다. 부모와 아이라는 종적인 관계보다 횡적인 관계에서 살짝 우위에 있는 선배들과의 관계가 사춘기 아이들에게 큰 도움을 주는 것이다.

나도 중학생 때는 배구부에서, 고등학생 때는 야구부에서 활동하며 심신을 단련시킬 수 있었다. 특히 고교 시절의 야구부 활동이 체력이나 근성을 쌓는 데 큰 도움을 줬다고 생각한다. 야구부 선배들도 모두 좋은 사람들이었다. 심한 얼차려를 받은 적도 있었지만 사랑도 많이 받았다. 수업 시간에 선생님 말씀을 듣는 대신 선배들의 이름을 공책에 빽빽이 쓰고 앉아 있었을 정도로 나에게 있어 야구부 선배들은 위대한 스승이었다.

　아이를 학원에 보내거나 동아리 활동에 참여하게 할 때 다음과 같은 부분도 염두에 두어야 할 것이다. 아이를 가르칠 교사의 자질을 체크하기 위해 세심하게 상담을 받고, 그 학원에 대한 주변의 평가들을 미리 들어보는 것이 좋다. 또 동아리 활동을 적극 지원하면서 멘토가 되는 선배를 사귈 수 있도록 독려하는 것도 잊지 말자.

사춘기부터
공부 성적을 올리려면!
: 게으름을 물리치게 하는 것이 먼저다

사춘기 아이들은 대체로 게으르다

사춘기가 되면 공부에 대한 아이들의 태도도 달라지는데 남녀를 불문하고 대체로 게을러진다. 그래서 초등학교 3학년 6월쯤이면 많은 어머니들이 아이의 게으름 문제로 상담하러 학원을 찾는다. 그래서 이런 식의 상담이 줄을 잇는다.

"전에는 집에 돌아오자마자 숙제부터 했는데 요즘엔 전혀 하지 않아요."

"하루에 한 페이지씩 꾸준히 문제집을 풀던 아이가 요즘에는 며칠씩 미루다가 한꺼번에 몰아서 풀지 뭐예요."

또 초등학교 3학년이 되면 아이들은 억지를 부리기 시작한다.

"왜 꼭 공부를 해야 돼? 난 커서 선생님이 될 것도 아닌데."

마치 큰 결심을 품은 듯, 이런 말을 아무렇지도 않게 한다. 아이가 그럴 때는 일일이 정색하며 대응하지 말고 '원래 그런 시기니까……' 하면서 이해하고 넘어가는 수밖에 다른 도리가 없다.

아이가 점점 게을러지면서 많은 어머니들이 "저학년 때는 성실했는데 왜 저렇게 변했지?" 하며 한숨을 내쉰다. 그러나 그때는 단지 부모들의 속임수가 통했던 것일 뿐이다. 책 표지에 공부한 페이지 수만큼 스티커를 붙이면서 기뻐하는 것은 기껏해야 2학년 때까지다. 3학년이 된 이후부터는 무언가 다른 동기가 필요하다.

아이들이 게을러지는 것을 조금이라도 막기 위해서는 저학년 때 미리 공부를 습관화하는 것이 중요하다. 절대로 "오늘은 안 해도 돼"라는 예외를 허락해서는 안 된다. 숙제가 있든 없든, 부모가 따로 말하든 그렇지 않든, 아이가 스스로 알아서 책상 앞에 앉을 정도로 엄격하게 대할 필요가 있다.

"그렇게 하고 싶지 않으면 안 해도 돼. 어차피 나중에 곤란해지는 건 너니까!" 같은 말로 단 한 번이라도 예외를 허락하면 그 한 번이 두 번, 세 번으로 늘어나 결국에는 공부하는 습관을 기를 수 없게 된다. "곤란해지는 건 너니까!"라는 말이 먹히는 것은 오히려 6학년 이후라고 생각하는 것이 좋다.

게으름에도 여러 종류가 있는데, 간혹 좋아하는 과목은 열심히 공부하지만, 그렇지 않은 과목은 손도 대지 않는 아이들이 있다. 그런 아이들은 대부분 엄청난 집중력의 소유자들이다. 게으름이 걱정되기보다는 오히려 장래가 기대되는 아이들이다. 전 과목을 고르게 공부할 수 있도록 지도하는 일이 필요하겠지만, 무언가에 집중하고 있는 아이라면 그 흐름을 깨뜨리지 않는 융통성도 발휘하는 것이 좋다.

모를 때 모른다고 말할 수 있는 아이로 키우는 게 중요하다

학력의 기초가 되는 상상력과 집중력을 기를 수 있는 시기는 초등학교 3학년까지다. 게으른 3학년을 잘 극복하고, 5학년부터 자신에게 맞는 공부 방법으로 성적을 올리기 시작하면 뿌리는 매우 단단해진다. 훗날, 희망하는 학교까지 가는 코스가 탄탄해지는 것이다.

특히 5학년쯤 되면 아이의 성향에 맞는 다양한 형태의 복습이 가능해지는데 바로 이런 습관을 통해 학력을 한 단계 더 신장시킬 수 있다. 복습의 핵심은 모르는 문제를 그대로 지나치지 않는 것. 내가 추천하고 싶은 것은 '복습 노트'다.

복습 노트란 모르는 문제의 내용과 정답, 틀린 이유, 그 문제에서 배운 교훈까지, 이렇게 네 가지 항목을 노트에 정리해두는 것이다. 한 번 쓰고 끝나는 것이 아니라 다음 날, 일주일 후, 한 달 후와 같은 식으로 시간을 두고 반복해서 같은 문제를 다시 풀어본다. 복습 노트를 쓰는 습관을 가지면 이해하지 못하고 그냥 넘어가는 부분이 없어지고, 그만큼 성적도 향상된다.

또한 학력 향상을 위해 복습 이상으로 중요한 것이 성실함이다. 여기서 말하는 성실함은 모르면서 아는 체하지 않고, 싫다거나 못한다는 말로 도망가지 않고, 못하면 남보다 몇 배로 노력하는 곧고 한결같은 성품을 말한다. '성품이 학력과 무슨 상관이야?' 하고 의아하게 생각할 수도 있지만, 스스로를 속이지 않는 성실함은 학력과도 깊은 관련이 있다.

대체로 모르면서 아는 체하는 성향은 특히 여자아이들이 강하다. 그런데 고교 시절 동급생 중에 언제나 "모르겠어요, 선생님" 하며 당당하게 말하던 여자아이가 있었다. 수업의 흐름을 몇 번씩 끊으면서 "선생님, 아직도 모르겠어요"라고 끝까지 물고 늘어지는 아이였다. "또 쟤야"라거나 "어떻게 저런 것도 몰라?"라며 다른 학생들이 비웃어도 전혀 신경 쓰지 않았다. 그 아이는 자신이 모르는 것을 모르는 채로 넘어가고 싶지 않다는 생각만 하는 것 같았다. 결국 그 아이는 의대에 진학, 지금은 이름난 의사로 활약하고 있다. 성실함의 승리라고 하지 않을 수 없다.

그 여자아이처럼 모르는 것을 모른다고 솔직하게 말할 수 있는 아이로 키우기 위해서는 부모의 역할이 중요하다. 어렸을 때부터 "모르는 건 잘못이 아니야. 넌 괜찮아" 하고 안도감과 자기 긍정을 심어주자. 이것이 훗날 아이의 학력을 향상시켜주는 중요한 기초가 된다.

그러나 대부분의 어머니들은 이 부분에 취약하다. "몰라도 괜찮아. 실패해도 괜찮아"라고 아이를 너그럽게 대하기는커녕 "왜 이런 간단한 것도 모르니? 어제 풀었던 문제잖아!"라며 아이를 몰아붙이는 경우가 많다.

모르는 것을 모른다고 말하는 것은 칭찬해주어야 할 용기 있는 행동인데, 오히려 "너는 도대체가! 다시 풀어봐!" 하고 화를 내는 것이다. 그럴수록 아이는 공부에 흥미를 잃게 되고 심한 경우 공부를 진짜로 싫어하게 될 수도 있으니 주의하자.

공부하고 싶은 동기를 부여해줄 스승도 필요하다

아이의 심신을 다부지게 만들기 위해서는 '가정 밖의 스승'이 필요하다고 앞서 말했다. 마찬가지로 공부를 위해서도 그런 대상이 있어야 한다. 학교나 학원에서 아이에게 공부의 즐거움을 가르쳐줄 심지 곧은 선생님을 만날 수 있으면 가장 좋다. 아이들은 그런 선생님을 존경하고, 그 선생님이 가르치는 과목에도 흥미를 갖는다. 좋은 선생님과의 만남은 공부에 있어 아이에게 동기 부여가 된다.

저학년 아이들은 재미있는 선생님, 친해지기 쉬운 선생님을 좋아한다. 그러나 5학년 정도가 되면 어른을 보는 눈이 엄격해져서 실력 있는 선생님을 따르기 시작한다. 반면 바른말, 교훈이 되는 말만 하는 선생님들은 대체로 깔보고 무시한다. 이처럼 존경할 만하다고 판단되는 선생님은 무서워도 따르게 마련인 것이 사춘기 아이들의 특성이다.

만약 안심하고 아이를 맡길 수 있는 가정 밖의 스승을 발견했다면 그 아이는 운이 좋은 것이라고 할 수 있다. 그런 경우에는 가능한 한 부모는 아이의 공부에 개입하지 않는 것이 좋다. 가만히 내버려둔 채 지켜보는 것이 최고의 양육법이 되는 것이다.

그도 그럴 것이 사춘기 아이들은 부모를 멀리하려는 성향이 강하다. 그럼에도 불구하고 본격적인 공부가 시작되는 중학교에 대비하겠다는 생각으로 언제까지고 아이 곁을 맴도는 어머니들이 적지 않다. 그러면 아이 역시 "엄마, 그 프린트 어쨌어?" 혹은 "엄마, 이 숙제는 어떻게 해야 하는 거야?" 하는 식으로 계속해서 부모에게 의존하려고만 든다.

특히 남자아이들이 그런 성향이 강하다. 그러므로 아들을 키우고 있는 어머니들은 각별히 더 신경을 써서 관리하는 것이 좋다.

성교육이나 연애 상담은
동성의 부모가 맡아라
: 이성에 대한 관심을 존중하고 진심으로 응원할 것!

부모의 연애 경험을 솔직하게 들려주자

사춘기에는 공부 외에도 다양한 것들을 배워야 한다. 남자로서 혹은 여자로서 행복한 삶을 살기 위해, 이성과의 교제란 무엇이고 어떻게 해야 하는가 등을 배우는 것도 그중 하나다. 그리고 이를 가르치는 것이 동성 부모의 중요한 역할 중 하나다.

데이트의 기초에서부터 연애, 섹스, 피임 그리고 임신에 이르기까지 부모의 경험담이나 그 경험에서 얻은 교훈 등을 아이에게 솔직하게 들려줄 필요가 있다. 물론 한꺼번에 모두 말해줄 필요는 없다. 우선 사춘기에 일어나는 몸의 변화, 부모의 첫사랑 이야기 등 가벼운 것부터 시작한다. 그리고 아이가 성장함에 따라 조금씩 성에 관련된 깊은 이야기로 자연스럽게 이어가는 것이 좋다.

이 경우에도 일반론이나 원칙론을 내세우기보다 부모 자신이 직접

경험하고 느낀 것들을 이야기해주는 것이 효과적이다. 아이가 처음에
는 '아니! 엄마(아빠)가 이런 말을 하다니!' 하고 놀랄지도 모른다. 그러
나 곧 흥미를 느끼고 부모의 이야기에 귀를 기울일 것이다.

또한 아이들에게 남자와 여자는 완전히 다른 존재라는 것, 그리고
서로 다른 남녀의 특징에 대해 차근차근 자세히 가르쳐주자.

예를 들어 어머니는 딸에게 이런 말들을 해줄 수 있을 것이다.

"남자는 평생 꿈만 좇으며 사는 존재란다. 그러니까 나중에 결혼하
면 네가 중심을 잡고, 남자를 현실 생활에 확실히 붙잡아둬야 해."

"요즘 남자들은 좀처럼 자기가 먼저 적극적으로 여자에게 대시하지
않는 것 같더라. 그렇더라도 마지막 고백은 남자가 하게 만들어야 해.
남자는 쫓기기보다 쫓고 싶어 하는 동물이니까."

한편 아버지는 아들에게 이런 이야기를 들려줄 수 있을 것이다.

"여자들은 대부분 수다를 좋아하는데, 상대가 자신의 말을 듣지 않
고 있다고 느끼면 금방 짜증을 내지. 적당히 맞장구를 치며 들어주는
게 좋단다."

"요즘 여자들은 강하고 적극적인 것처럼 보이지만, 사실은 남자가
먼저 데이트 신청을 하거나 리드해주기를 기대하고 있단다."

사춘기 아이들은 이성에 관심이 많아 부모가 이런 이야기들을 진지
하게 건네면 귀 기울일 수밖에 없다. 특히 남자아이들보다 여자아이
들이 이런 이야기에 관심이 많다.

여자아이들은 남자아이들에 비해 상대적으로 조숙하기 때문에 5학년 정도만 되어도 연애 이야기에 특별한 관심을 보이기 시작한다. 여자아이들이 여러 명 모이면 "○○랑 ○○가 사귀는 게 틀림없어"라거나, "○○가 ○○를 좋아하는 거 아냐?" 같은 이야기로 시간 가는 줄 모르고 이야기꽃을 피운다. 게다가 결혼에 대해서도 남자아이에 비해 상당히 일찍부터 현실적으로 인식하고 있다.

반면 남자아이들은 시각적인 자극에 민감하고, 성적 호기심이 왕성하다. 그래서 "와, 저 가슴 봐!" 같은 대화는 매우 좋아하지만, 연애에 대한 이야기를 이해하기에는 아직 어리다. 그 '어린' 특성은 어른이 될 때까지 줄곧 이어져 '어쩔 수 없이 여자보다 덜 성숙한' 존재로 살게 되는 것이다.

실패나 후회를 경험하게 하는 것이 진짜 공부다

부모들 중에는 "내 경험담을 들려주고 싶어도 연애다운 연애를 해본 적이 없어서……"라거나 "실연을 당하거나 짝사랑만 해봐서 가르쳐줄 게 없는데 어쩌죠?"라며 곤란해하는 사람도 있을 것이다.

그러나 전혀 걱정할 필요가 없다. 그냥 있는 그대로 자신의 경험담을 들려주면 된다. 연애의 방법이나 성공적인 연애에 대해서는 책이나 다른 매체를 통해 얼마든지 배울 수 있으므로 굳이 부모가 같은 내용을 반복할 필요가 없다. 오히려 쉽게 들을 수 없는 어른들의 현실적인 이야기, 실제로 겪었던 실패나 후회되는 일에 대해 솔직하게 들려줄 수 있으면 그걸로 충분하다.

"엄마는 옛날에 멋대로 굴었다가 엄청 좋아했던 사람이랑 헤어지고 말았단다. 물론 지금 네 아빠랑 사는 게 행복하지만, 그때 솔직하게 미안하다고 말하지 않았던 걸 지금도 후회하고 있어."

"아빠는 어릴 때부터 쭉 우등생이었기 때문에, 나는 뭐든 할 수 있다고 생각하며 살아왔어. 중고등학교 모두 남학교여서 연애다운 연애를 못해봤는데, 고맙게도 네 엄마가 나랑 결혼해줘서 지금 이렇게 행복하게 살고 있지. 하지만 솔직히 말하면 결혼 전에 연애를 더 많이 해볼걸 하는 생각도 가끔 한단다."

이런 식으로 자신의 마음속 이야기까지 털어놓는 부모에게 아이는 이전과는 다른 친밀감을 느끼게 될 것이다.

단, 부모의 연애 이야기는 어디까지나 동성 간의 부모와 아이 사이에서만 공유해야 한다. 아버지가 딸에게, 어머니가 아들에게 자신의 연애 이야기를 들려주는 것은 '절대 금지'이다.

특히 남자아이에게 어머니는 신성한 존재다. "아이돌 가수는 화장실에도 가지 않는다"는 우스갯소리가 있는데, 남자아이는 어머니에 대해 그와 비슷한 환상을 품고 있다. 때문에 감성이 예민한 사춘기 남자아이들에게 어머니의 연애 이야기를 들려주는 것은 오히려 역효과를 불러올 수 있다.

사춘기 왕따, 어떻게 대처해야 할까?
: 큰일 난 것처럼 요란스럽게 굴지 말기!

'왕따는 없어지지 않는다'는 생각을 전제로 삼아라

아이에 대한 부모의 걱정은 끝이 없지만 그중에서도 가장 걱정되는 것이 왕따가 아닐까 싶다. 학교에서 괴롭힘에 시달리다가 자살한 아이들에 대한 안타까운 보도가 잇따르는 요즘이고 보니, 우리 아이도 혹시 누군가에게 괴롭힘을 당하고 있는 것은 아닐까 걱정하는 부모들이 많다.

더구나 사춘기 아이들은 집에 와서 학교에서 있었던 일에 대해 거의 말하지 않는다. 때문에 아이가 조금이라도 이상해 보이면 혹여 괴롭힘을 당하고 있다는 사실을 감추고 있는 것은 아닌가 싶어 안절부절못하게 되는 것이 부모의 마음이다.

사춘기 아이들의 왕따는 유년기 때와는 그 질이 다르다. 유년기에도 아이들 사이에 사소한 괴롭힘은 존재하지만, 서로 원한 같은 것을 가질 나이가 아니기 때문에 뒤끝이 없다. 다음 날이면 언제 그랬냐는 듯 싹 잊고 다시 사이좋게 어울려 다닌다.

그러나 사춘기 아이들의 왕따는 전혀 다르다. 앞서 언급했듯이 사춘기는 '바르게, 착하게, 아름답게'라는 어른들의 가치관에 반기를 드는 시기다. 사악한 감정들이 마치 용암처럼 부글부글 끓어오르고, 뭔가 나쁜 짓을 하지 않으면 남아도는 에너지를 주체할 수 없고, 누군가를 괴롭히고 싶어지는 그런 불안정한 시기가 바로 사춘기다.

게다가 최근에는 괴롭힘의 정도도 심해지고, 과거와는 차원이 다르게 비열하고 집요해지고 있다. 얼굴이 보이지 않는 곳에서 상대를 괴롭히는 '인터넷 왕따'도 증가하고 있다고 한다.

여기서 한 가지 확실하게 말해두고 싶은 것은, 왕따는 절대 사라지지 않을 것이라는 사실이다. 최근 몇몇 학교들이 '왕따 제로 운동'이라는 것을 펼치고 있는데, 아쉽게도 왕따는 근절되지 않으리라는 것이 내 생각이다.

본디 인간관계라는 것이 마냥 정의롭기만 한 것은 아니다. 친한 줄 알았던 상대에게 생각지도 못한 고약한 짓을 당하거나, 신뢰하고 있던 사람에게 배신을 당하는 일이 부지기수다. 지금 이 책을 읽고 있는 독자들도 이미 겪어봐서 알겠지만 왕따는 사회에서도 일어난다. 회사에서, 학부모 모임에서, 학교 선생님들 사이에서조차 왕따가 끊이지 않는다. 그러면서 아이들 세계에는 왕따가 없어야 한다고 주장하는 것은 이치에 맞지 않는다.

안타깝게도 학교는 아이들에게 진짜 세상을 가르쳐주지 못한다. 선생님들은 그저 '왕따를 없애자'라는 말만 반복할 뿐이다. 이런 상황에서 아이들에게 진짜 세상을 가르쳐줄 수 있는 것은 부모뿐이다.

예전에 매스컴을 통해 물고기 전문가로 이름을 알린 한 남학생이 쓴 〈왕따를 당하고 있는 너에게〉라는 글을 읽은 적이 있다. 내용인즉슨, 수조에 물고기들을 풀어놓으면 그들 사이에서도 왕따가 벌어진다는 것이다. 괴롭힘을 당해 비늘까지 벗겨진 물고기를 가엾다는 생각에 구해주면 곧 또 다른 희생자가 선택되어 같은 일이 끝도 없이 반복된다고 했다.

생물이란 본래 그런 성질을 타고나는 것 같다. 일화 속의 물고기들은 넓은 바다에서 자유롭게 헤엄을 치는 대신, 좁은 수조에 갇혀버렸다. 그래서 그로 인한 답답함과 조바심을 누군가를 괴롭히는 것으로 해소하려는 생각을 갖게 된 것이 아닐까?

인간도 그 물고기들과 다르지 않다. 거침없이 자유롭게 살고 싶지만 마음대로 할 수 없다. 발가벗고 돌아다니거나 매일 빈둥거리는 것은 생각조차 할 수 없다. 학교에서도 마찬가지다. 지켜야 할 교칙이 있고, 시간표가 있으며, 수업 시간에는 의자에 꼼짝 않고 앉아서 선생님 말씀을 들어야 한다. 수조 속의 물고기들만큼이나 답답하게 살고 있는 것이다.

인간은 고등 생물이므로 인내와 규칙을 문화로서 학습하고, 최선을 다해 그것들을 지키며 살지만 역시 답답한 마음은 어찌할 수 없다. 그 래서 그 울분을 풀기 위해 자기도 모르게 누군가를 괴롭히고 싶은 마음을 갖게 되는 것이다.

따라서 타인을 괴롭히는 것이 어쩔 수 없는 인간의 본질이라는 전제하에 아이들을 지도해야 한다. 다른 아이들의 괴롭힘에 어떻게 대처할 것인가, 그리고 어떻게 하면 누군가를 괴롭히고 싶은 마음을 억제할 수 있는지를 가르치고 지도해야 한다.

왕따 문제에 시시콜콜 관여하지 말자

유년기 아이들의 싸움에 부모가 너무 간섭하면 안 되듯, 사춘기 왕따 문제에도 부모가 깊이 관여하지 않는 게 좋다. 물론 괴롭힘의 정도가 더 심각해진 시대에 언제까지 잠자코 바라보기만 해야 하는지 판단하기가 쉽지만은 않을 것이다. 그러나 부모가 나서서 오히려 일이 더 복잡해지는 경우가 많으므로, 되도록 섣불리 간섭하지 않도록 하자.

특별한 이유 없이 마구잡이로 돌아가며 희생자를 선택해 괴롭히는 경우가 많으므로 대부분 시간이 지나면 자연스레 수습된다. 스스로 왕따를 극복함으로써 더 강해진 아이들도 그동안 많이 봐왔다. 그러므로 부모가 할 수 있는 일은 아이가 혹여나 왕따를 당했을 때 씩씩하게 극복할 수 있도록 지혜와 힘을 길러주는 것이다. 여기서 말하는 지혜와 힘은 '유머 감각'과 '카리스마'이다.

유머 감각을 가지고 있으면 괴로운 상황도 웃음으로 극복할 수 있고, 어떤 상황에서도 밝은 기운을 발산할 수 있다. 웃음이 끊이지 않는 가정에서 자란 사람에게는 웬만해선 꺾을 수 없는 강인한 즐거움이 배어 있다. 학교에서 배울 수는 없지만 인생에 있어서는 필수 과목이라고 할 정도로 중요한 것이 바로 이런 유머 감각이다.

나도 초등학교 5학년 때 왕따를 당한 적이 있다. 머리가 커서 반 친구들이 '대갈장군'이라고 부르며 놀렸다. 당시 좋아했던 여자아이까지 다른 아이들과 입을 모아 '대갈장군'이라고 부르는 통에 우울한 하루하루를 보냈다.

괴로운 나날들이 한 달 정도 계속되던 무렵, 나는 학생회 부회장에 입후보했다. 선거 유세를 하기 위해 연단에 오르기 직전, 갑자기 재미있는 아이디어가 떠올라 실행에 옮겼다. "제가 그 머리가 큰 대갈장군 다카하마입니다!"라고 자기소개를 하고 인사를 하면서 머리를 '딱' 마이크에 부딪혔다. 그 소리가 '부우우웅' 하고 울려 퍼지자 전교생이 폭소를 터뜨렸다. 그 이후로 친구들의 놀림이 거짓말처럼 사라졌다.

지금 생각해보면 그때의 나는 주눅이 들어 있었다. 인간도 다른 생물처럼 약해 보이는 상대를 괴롭히고 싶어지게 마련이다. 아마 나도 그렇게 보였기 때문에 반 친구들이 무심코 놀리고 싶어졌을 것이다. 그러나 전교생을 웃긴 일로 자신감을 갖게 된 나는 더 이상 약해 보이지 않았고, 반 친구들도 나를 괴롭히는 보람(?)을 잃고 놀림을 그만둔 것이 아니었을까 싶다. 선거 유세 이후, 나는 오히려 재미있고 인기 있는 아이가 되었다.

카리스마도 아이에게 꼭 길러주어야 할 요소 중 하나다. 자신감이 넘쳐 보이면서 의연한 분위기를 가진 아이는 괴롭힘을 당하지 않는다.

예전에 가르쳤던 아이 중에 피아노 경연 대회에서 언제나 1등을 하는 여자아이가 있었다. 조금 새침한 분위기가 건방져 보였는지 남자아이들에게 자주 놀림을 당했다. 하지만 그 아이는 방수 가공 코팅이라도 한 것처럼 남자아이들의 놀림을 받아주지 않았다. 그녀 자신의 카리스마 덕분에 주변 아이들의 괴롭힘은 전혀 먹혀들지 않았다.

무엇이든 좋으니 아이가 자신감을 가지고 잘할 수 있는 것을 하나쯤 가질 수 있도록 해주자. 그 자신감이 훗날 아이가 왕따를 극복할 수 있는 원동력이 되기 때문이다.

공동의 취미,
이보다 좋은 의사소통은 없다
: 부모와 아이가 함께할 수 있는 즐거움을 찾아라

너무 거창하지 않은 취미 생활을 시작할 것

유년기 아이들은 종일 "엄마, 이것 봐, 이것 봐!" 또는 "엄마 들어봐. 오늘 있잖아……" 하면서 부모에게 달라붙는다. 그러나 그렇게 성가실 정도로 부모를 따르던 아이들도 사춘기가 되면 눈에 띄게 말수가 줄어든다.

특히 남자아이들은 딴사람이 된 것처럼 과묵해지고, 꼭 필요한 이야기가 아니면 좀처럼 먼저 말을 걸어오지 않는다. 게다가 변성기를 맞으면서 목소리까지 변해 아들이 먼 곳으로 떠나버린 것 같다며 서운해하는 어머니들도 있을 정도다. 여자아이들 역시 변함없이 수다를 좋아하지만, 비밀을 갖기 시작한다. 특히 아버지와는 좀처럼 말을 섞으려 하지 않는다.

물론 부모 입장에서는 서운하겠지만 이런 변화들은 지극히 일반적인 현상이다. 아이가 성장하는 단계에서 일어나는 자연스러운 현상이므로 '우리 아이가 순조롭게 성장하고 있구나'라는 생각을 가지고 따뜻하게 지켜봐주는 것이 좋다.

하지만 그렇더라도 무조건 내버려두는 것만이 능사는 아닐 것이다. 자칫하면 무관심으로 비칠 수도 있기 때문이다. 부모 자식 사이에 의사소통의 계기가 될 만한 것이 하나라도 더 있으면 그만큼 좋은 게 사실이다. 아이와 문제가 생겼을 때 비교적 원활하게 해결할 수 있기 때문이다.

보통의 많은 가족들이 여행을 의사소통의 기회로 삼고 있다. "우리 집은 평소에는 각자 바쁘기 때문에 좀처럼 한자리에 모일 기회가 없어요. 그래서 1년에 한두 번은 꼭 여행을 떠나 가족 간의 우애를 다지고 있지요"라는 말을 자주 듣는다. 그러나 가족 여행에는 유통 기한이 있다. 사춘기 아이들은 가족과 하는 여행을 별로 내켜 하지 않는다. 딱히 부모와 할 말도 없는 데다, 친구들과 노는 것이 더 재미있기 때문이다. 부모에게는 상처가 되겠지만, 그런 나이가 됐음을 그저 받아들이는 것 외에 별도리가 없다.

가장 좋은 것은 일상생활에서 가볍게 즐길 수 있는 취미를 공유하는 것이다. 오랫동안 계속해도 싫증 나지 않는 취미 활동, 너무 거창하게 준비하지 않아도 아무 때고 그저 내키면 즐길 수 있는 취미라면 더더욱 좋다.

오랫동안 지속적으로 함께할 수 있는 취미가 제일 좋다

사실 부모와 아이가 함께 즐길 수만 있다면 어떤 취미라도 좋지만, 그중에서도 야구 팀이나 축구 팀을 응원하는 것을 특별히 추천하고 싶다. 승부의 세계라서 이해하기 쉽고, 부모와 아이가 함께 손에 땀을 쥐고 아슬아슬한 순간들을 즐길 수 있기 때문이다. 경기가 끝난 후에도 "아, 진짜 아깝다. 그 플레이는 굉장했지?" 같은 말로 이야기꽃을 피울 수도 있으니 더할 나위가 없다.

스포츠 경기를 함께 즐긴다는 것은 부모와 아이가 진지하게 승패에 열광할 수 있는 시간. 그런 가족을 지켜보는 사람으로서도 그렇게 즐거울 수가 없다. 스포츠 관람은 남녀노소 할 것 없이 즐길 수 있으므로 성이 다른 부모와 아이, 부부간의 의사소통에도 긍정적인 영향을 끼친다.

바둑이나 보드 게임도 함께할 수 있는 취미 활동으로 권하고 싶다. 날씨에 상관없이 휴일에 잠시 짬을 내어 즐길 수 있으며, 아이의 사고력 훈련에도 매우 효과적이다.

아버지와 아들이라면 다소 마니아적인 취미를 공유하는 것도 좋다. 기차 여행을 취미로 삼는 '철도 마니아 부자'들도 꽤 많이 보았다. 그런가 하면 각종 만화 관련 행사에 빠지지 않고 참석하는 아버지와 아들도 있다. 또 물고기를 함께 기르면서 즐거움을 나누는 이들도 있다.

한편 어머니와 딸이 가볍게 즐길 수 있는 취미 중 가장 좋은 것은 쇼핑이다. 어머니와 무척 사이가 좋은 6학년 여학생이 있는데 이들 모녀의 취미가 바로 쇼핑이었다. 그들은 한가할 때마다 집 근처에 있는 대형 쇼핑몰에 가서 옷 구경을 한다고 했다. 쇼핑을 하면서 "이거 어울리지 않아? 이 색이 더 괜찮은데" 하며 대화를 주고받는 것만으로도 충분히 즐거운 시간을 보낼 수 있다. 실제로 물건을 구매하지 않아도 상쾌한 기분으로 집에 돌아올 수 있다는 것이 그들 모녀의 말이었다. 실제로 번화가에 가면 놀라운 패션 감각을 뽐내며 팔짱을 끼고 걷는 어머니와 딸의 모습을 종종 볼 수 있는데, 역시 그런 모녀들일 것이다.

　여자들의 쇼핑 사랑은 대개 평생 이어지므로 쇼핑이라는 취미를 공유한 모녀들은 의사소통을 계속해나갈 수 있다. 딸이 자라서 어머니와 신체 사이즈가 비슷해지면 서로 옷을 바꿔 입을 수도 있어 여러모로 쓸모 있는 취미가 된다.

　같은 아이돌 가수나 연예인을 좋아하는 어머니와 딸도 친밀감이 높은 편이다. 이 역시 여자들 사이에서는 평생 가는 취미거리다. 또한 남자들이 바람피우는 이야기도 연령을 불문하고 여자들이 화제로 삼기 좋아하는 주제 중 하나. 비록 건설적인 대화는 아니지만 마음속의 이야기를 함께 나눌 수 있다면 그것이 무엇이든 상관없다고 생각하는 편이 바람직하다.

갈등 없는 요즘 아이들의 사춘기
: 속으로 곪고 있는 상처가 오히려 걱정이다

'생각하는 나이'에 의문이나 반발이 전혀 없다?

프롤로그에서 요즘의 사춘기 아이들은 하나같이 다 '착한 아이'라고 지적한 바 있다. 과거처럼 사춘기의 '독기'를 외부로 발산하는 아이들이 크게 줄었다는 이야기도 했다. 비단 사춘기 아이들뿐만 아니다. 요즘은 유치원생들도 대부분 예의 바르고 순종적이다. 그리고 응석꾸러기나 말괄량이가 눈에 띄게 줄어들었다.

나는 특히 남자아이들의 '착한 아이' 현상에 위화감을 느낀다. 울타리에 올라가고, 서로 멱살잡이를 하며 싸우고, 여자아이의 치마를 들쳐서 늘 혼나기 일쑤였던 장난꾸러기들은 다 어디로 사라져버린 것일까?

제1장에서 남자아이는 장수풍뎅이로 생각하며 키우라고 말했다. 장수풍뎅이는 수컷끼리 만나면 서로 뿔을 들이대며 싸우는 본능이 있

다. 그런데 요즘 남자아이들은 그 뿔이 너무 일찍 잘려버린 듯싶다. 싸우면서 성장하는 기회를 너무 일찍부터 빼앗긴 것이 아닌가 싶기도 하다. 싸우면 안 된다, 까불면 안 된다, 떠들면 안 된다, 언제나 예의 바르고 사이좋게, 평화롭고 단정하게! 타고난 본질과는 180도 다른 틀 속에서 여자아이들과 섞여 성장하는 것이 요즘 남자아이들이다.

사춘기 아이들은 마음속에 어떤 에너지를 품고, 어른들의 방식에 대해 의문을 가지고 반발하는 것이 정상이다. 그러나 요즘 남자아이들은 어지간해서는 어른에게 반항하지 않는다. 독기를 내뿜지도 않는다. 겉으로는 착한 아이인 척하고 있지만, 사실은 내면에 독기를 감추고 있는 것이 아닐까?

만약 그렇다면 머지않아 그 독기가 우울증이나 왕따 같은 뒤틀린 방식으로 표출될지도 모른다. 아니면 애초에 그 어떤 의문도 느끼지 못하거나 조금의 반발심도 생기지 않는 것일까? 혹여나 그렇다면 그 역시 그것대로 문제다.

사춘기는 이른바 '생각하는 나이'다. 자기 나름의 철학과 가치관이 만들어지는 시기인 것이다. 인간의 삶과 사회를 의식하게 되면서 곧바로 산더미 같은 의문들이 생겨난다. 한데 그런 시기에 그 어떤 의문도 갖고 있지 않다는 점이 나에게는 다소 위험하게 느껴진다. 세상만사를 깊이 생각하지 않고, 수동적인 자세로 무엇이든 "네!" 하고 고분고분 따르는 '자기 자신이 없는' 어른으로 자라는 것은 아닐지 심히 걱정된다.

실제로 자기 자신이 없는 어른들이 증가하고 있다. "자유롭게 살아라. 개성을 발휘해라"라는 말을 들어도, 자신이 도대체 무엇을 하고 싶은지, 자신이 어떤 인간인지 모른다. 이 모두가 고민하지 않고, 생각하지 않고, 갈등하지 않는 사춘기를 보낸 결과다.

독기를 분출하는 아이들은 오히려 괜찮다

사춘기 아이들은 독기를 밖으로 분출하는 것이 정상이다. 그 독기를 일탈 행위가 아닌 스포츠에 대한 열정으로 승화시켜 분출할 수 있으면 가장 좋다. 특히 남자아이들이 본능적으로 갖고 있는 싸움 에너지를 스포츠 활동으로 해소할 수 있다면 더 좋을 것이다.

아니면 친한 친구들과 속마음을 터놓고 고민이나 갈등을 공유하는 것도 좋은 방법이다. 이는 수다와 인간관계에 능숙한 여자아이들에게 좋은 방법이다. 또 부모에게 직접 불만이나 의문을 표현하는 것도 좋다. 부모가 진심으로 아이의 이야기를 들어준다면, 서로 간의 문제를 해결하고 더 좋은 관계로 나아갈 수 있다.

예전에 가르쳤던 여자아이 중 하나가 중학교에 들어가서 불량한 아이와 어울리기 시작했다. 소위 '짱'이라 불리는 아이와 친해진 것이다. 주변 사람들을 통해 우연히 이 사실을 알게 된 어머니가 걱정이 되어 상담을 하러 찾아왔다. 물론 딸을 걱정하는 어머니의 마음은 십분 이해했지만, 나는 냉정하게 조언했다.

"중학생쯤 되면 어떤 아이와 친구가 될 것인지 스스로 판단하고 결정할 수 있는 나이입니다. 그러니까 어머니는 간섭하지 않는 것이 좋겠습니다."

내 말을 들은 어머니는 어찌할 바를 몰라 하며 집으로 돌아갔다. 그런데 그 어머니는 문득 예전에 내 강의에서 들었던 '외둥이 작전'을 떠올리게 됐다고 한다. 외둥이 작전은 부모와 아이가 일대일로 마주하는 시간을 가짐으로써 아이의 문제를 해결하는 방법이다.

어머니는 그 방법을 써보기로 마음먹고 딸과 단둘이 드라이브를 하러 나갔다. 딸과 대화를 나누는 것이 목적이었으므로 특별히 행선지를 정하지 않고 가까운 고속도로를 달렸다고 한다. 한동안 입을 꾹 다문 채 침묵을 지키고 있던 아이가 갑자기 말문을 열었다.

"이렇게 단둘이 드라이브하는 건 처음이네"라며 말을 시작한 아이는 그동안 혼자 얼마나 외로웠는지를 털어놓았다고 했다. 사실 그 아이에게는 장애가 있는 남동생이 있었다. 자연스레 어머니는 남동생에게 매달려 있는 시간이 많았고, 상대적으로 여자아이는 소외감을 느꼈던 것이다.

부모와 아이 사이의 문제를 해결하려 할 때 가장 중요한 것은 서로의 진심을 털어놓는 것이다. 왜냐하면 대부분의 문제가 부모나 아이 혹은 서로가 상대를 오해하고 있는 데에서 비롯되기 때문이다. 둘 중 누군가가 용기를 내서 마음을 열면 꽉 막혀 있던 관계에 숨통이 트이고, 극적으로 관계가 개선될 수 있다. 이 경우는 아이가 먼저 어머니에게 진심을 털어놓고 마음을 연 사례라 할 수 있다.

딸아이가 진심을 말하자 어머니도 자연스레 "그랬구나, 그렇게 참고 있었던 걸 엄마가 모르고 있었구나. 정말 미안해" 하며 속마음을 털어놓기 시작했다. 본래 수다를 좋아했던 이들 모녀는 이 일을 계기로 더 많은 대화를 나누게 됐고, 다시 예전처럼 사이좋은 모녀 사이로 지낼 수 있게 되었다.

나는 그 여자아이를 초등학생 때부터 알아왔는데 본래 심성이 착한 아이였다. 그 후 어머니는 문제의 친구인 그 '짱'을 집으로 초대했다. 직접 만나보니 그 아이도 본성이 나쁜 아이는 아니었다고 한다. 가정에 불화가 있어 다소 반항적인 생활을 하고 있었지만, 평범한 아이에 불과했단다.

반항적인 아이들, 소위 문제아들을 다루기란 쉬운 일이 아니다. '취급 주의'라고 할 만큼 어른들에게 공격적이고 자기중심적이며, 때로는 건방진 태도를 보이기도 한다. 그러나 그들 역시 누군가 애정을 갖고 자신을 바라봐주며 보살펴주기를 바라고 있다. 문제아들은 내면의 독기를 눈에 보이는 형태로 발산한다는 점에서 오히려 쉽게 알아차릴 수 있고, 도와줄 여지가 많다.

한 가지 흥미로운 것은, 과거에 문제아였던 사람들이 훗날 제대로 된 어른으로 성장하는 경우가 많다는 점이다. '제 몫을 다하는 사람', '인기 있고 매력적인 사람' 중에 의외로 문제아였던 사람들이 적지 않다. 그런 사람들에게는 인생의 큰 고비를 극복한 그 사람 특유의 명쾌함이 있다.

또 왕년에 좀 놀았던 부모일수록 자기 자식을 끔찍이 아끼고 사랑한다. 본인이 거칠고 반항적인 어린 시절을 보냈던 만큼 아이들을 더 넓은 마음으로 받아줄 수 있는 도량을 가지게 된 것 같다.

이렇게 생각하면 노는 아이를 대하는 부모의 가슴앓이가 조금은 줄어들 수 있지 않을까? 그러니 아이의 '문제도 아닌 문제' 때문에 전전긍긍하는 마음부터 내려놓을 필요가 있다. 그래야만 문제를 야단치는 것이 아닌, 진짜 대화를 시작할 수 있다.

요즘은 왜 이렇게
'민폐형 인간'이 많을까?
: 사춘기를 고민하지 않고 보낸 결과라고 생각한다

어머니와 함께 목욕하는 남자 중학생들

몇 개월 전, 한 잡지사 기자에게서 충격적인 이야기를 들었다. 어느 사립 명문 학교에서 실제로 있었던 일이라고 한다. 학교 이름은 밝힐 수 없지만 명문대 합격자가 많기로 유명한 남학교다. 어느 날 1학년 교실에서 선생님이 학생들에게 이렇게 물었다고 한다.

"모두 눈을 감아라. 오늘은 솔직한 대답을 듣고 싶구나. 이 중에서 아직도 어머니와 같이 목욕하는 사람은 손을 들어라."

결과는 어땠을까? 70%가량의 학생들이 손을 들었다고 한다. 어머니와 목욕을 같이하는 중학교 남학생들이 그토록 많다니…… 쉽게 믿기지 않는 이야기였다.

내가 강연 때 이 이야기를 하면 어머니들은 선생님을 놀리려고 학생들이 거짓말한 게 틀림없다는 반응을 보인다. 하지만 이내 주변에 그런 모자(母子)들이 생각보다 많다는 사실을 알고는 충격을 받는다.

　중학생, 고등학생이 되어서도 어머니와 함께 목욕하는 남자아이들이 있다는 사실은 예전부터 알고 있었다. 등교 거부나 왕따와 관련한 상담을 하면서 그런 모자들을 적잖이 만났기 때문이다. 맨 처음 접했던 실제 사례는 학교에 가기를 거부하는 고등학교 2학년 남자아이였다. 어머니가 뭐든 다 해주며 금지옥엽처럼 키운 아이였다. 그 어머니가 상담 중에 이렇게 말했다.

　"그래서 말이지요, 지난번에는 아들애가 목욕을 하면서 이런 이야기를 하는 거예요."

　"네? 어머니, 지금 뭐라고 말씀하셨죠?"

　나는 내가 잘못 들었기를 바라면서 되물었다. 그러나 돌아온 답변은 똑같았다.

　"목욕을 하는데 아들애가 말했다고요."

　"설마 아드님과 함께 목욕하는 건 아니시죠?"

　거듭 묻는 나에게 그 어머니는 "같이하지요"라고 태연스레 대답하는 것이었다. '그게 뭐 어때서?'라는 태도로 전혀 이상하다고 생각하지 않는 눈치였다.

　한번 생각해보자. 10대 남자아이라면 체모도 눈에 띄게 짙어지고, 성적인 반응도 한다. 체격도 어머니와 비슷하거나 더 큰 경우도 있다. 그런 아들과 어머니가 섹슈얼한 분위기 없이 함께 목욕을 한다니, 일반적인 상식으로는 받아들이기 힘들다.

하지만 그 어머니는 "조금도 이상하지 않아요. 우리 집은 쭉 그래왔으니까요"라며 웃는 얼굴로 말했다. 아니, 이상하다. 쭉 그래와서는 안 되는 일이었다. 아들이 사춘기를 맞은 것과 동시에, 진즉에 독립시켰어야 했다. 이해가 안 되기는 그 남자아이도 마찬가지다. 보통 남자아이들은 초등학교 3학년이나 4학년쯤부터 어머니와 목욕하기를 꺼리는 것이 정상이다.

이런 비정상적인 모자 관계를 최근 들어 자주 목격한다. 부모로부터 아이가 독립했어야 할 시기를 놓치고, 이제는 더 이상 독립에 대한 의지조차 없는 듯한 어머니와 아들들이 많다. 그 이유가 무엇일까 생각하다가 내린 결론이 바로 입시다.

초등학교 고학년 때부터 이미 본격적인 입시를 준비하게 되는 요즘 아이들. 그 시기가 정확히 아이가 부모로부터 독립해야 할 시기와 겹친다. 하지만 독립은커녕 오히려 어머니와 아들이 일심동체가 되어 다른 것은 생각하지 않고, 오직 합격만을 향해 나아간다. 특히 성적이 좋아 한 몸에 기대를 받고 있는 아이라면 어머니의 간섭이 한층 더 심해진다.

물론 입시 제도 자체를 부정하고 싶은 것은 아니다. 중학교 입학과 동시에 아이가 더 이상 부모와 이야기를 안 한다며 한탄할 정도로 제자리를 찾는 아이들도 많다. 다만 어머니라면 그런 함정이 있다는 것

쯤은 알아두고, 그 함정에 빠지지 않도록 유의해야 할 것이다.

요즘의 청춘들에게는 '나만의 드라마'가 없다

한번은 이런 이야기도 들은 적이 있다. 한 잡지사에서 특별 기획으로 유명 사립 남학교 출신의 명문대 이과 계열 2학년생 중에 연애 경험이 없는 남학생들을 모아 한 명씩 인터뷰를 했다. 모두 영화배우 같은 준수한 외모의 소유자들이었다고 한다.

조건만 봐서는 꽤 인기가 많았을 것 같은데 이들은 왜 태어나서 단 한 번도 여자 친구를 사귀지 못한 것일까? 인터뷰 결과, 그들에게는 모두 '2차원 연인'이 있고, 그것만으로 충분히 만족한다는 공통점을 발견할 수 있었다. 이른바 가상 연애를 즐길 대상들이 있다는 것이다.

또 어떤 사립 남학교에서는 '가상 연애 게임'을 후배에게 물려주고 졸업하는 것이 전통이라고 한다. 남학생들은 게임 속 캐릭터를 현실의 연인처럼 사랑하고, "내 여자 친구 귀엽지?" 하며 서로 자랑하거나 즐거워한다고 한다.

인터뷰 도중 기자가 "진짜 여자와 손을 잡고 데이트하는 편이 더 행복하지 않나요?"라고 물었더니 모두 하나같이 "헐!" 하는 반응들이었다고 한다. 그리고 그들은 이렇게 항변했다.

"약속 시간을 정하고, 만나서 데이트를 하고, 이런 과정을 몇 번이나 거친 뒤에야 겨우 집에 데려올 수 있고, 집에 와서도 다시 처음부터 절차를 밟아 겨우 뽀뽀에 성공하잖아요. 그러기엔 시간이 너무 아깝지 않나요? 인터넷으로는 5분이면 다 되는데."

미래를 이끌어갈 명문대 학생들이 이런 말을 진지하게 했다는 말을 듣고 나는 등골이 서늘해질 정도로 충격을 받았다. 성적 욕구를 해소하는 것만이 목적이라면 인터넷으로 5분이면 충분할지도 모른다. 그러나 거기에 이르기까지의 과정, 즉 좋아하는 여자에게 용기를 내서 고백하고, 잔뜩 긴장한 채 데이트를 하고, 그러다 퇴짜를 맞기도 하고, 싸우기도 하고, 겨우 키스에 성공하는 과정들 속에 진정한 인생이 있다. 그리고 그런 기억들이 청춘의 아름다운 추억으로 남는다.

인터넷 덕분에 온 세계의 정보를 앉은 자리에서 쉽게 얻을 수 있게 된 것은 분명 높이 살 만하다. 하지만 그 인터넷이야말로 요즘 남자아이들에게서 독기를 빼앗은 원흉이라고 나는 생각한다.

내가 10대였을 때는 성인 잡지 하나 구하기도 쉽지 않았다. 반 아이 중 하나가 어쩌다 성인 잡지를 한 권 구해오면 반 아이들이 모두 돌려가며 보았다. 하지만 요즘은 초등학교 교실에서도 야한 동영상이나 만화를 쉽게 볼 수 있게 됐다. 성인물을 구하는 일이 쉬워져서 오히려 감각이 마비된 것이 아닐까 하는 생각이 들 정도다. 그래서 제멋대로 굴거나 성가시기만 한 진짜 여자 친구를 필요로 하지 않게 된 것이 아닐까?

사춘기 남자아이들의 독기나 갈등의 근원 중 하나가 바로 너무 보고 싶어서 참을 수 없는 성적 욕구다. 과거에는 그런 강력한 에너지가 있었기 때문에 사랑에 대해 진지했다. 성적 욕구를 다른 형태, 예를 들면 사회의 모순에 대한 분노로 승화시켜 표출하기도 했다. 그리고 저마다의 청춘 드라마를 한 편씩 갖고 있었다.

그러나 요즘은 보고 싶은 것은 무엇이든 바로 볼 수 있는 세상이 됐다. 성적인 생각으로 머릿속이 몽롱해질 틈도 없이 5분이면 성적 욕구를 발산할 수 있게 됐다. 그래서 하고 싶은 것도 원하는 것도 없다. 언제나 마음이 평온하고, 그렇기 때문에 언제나 '착한 아이'일 수 있다.

여기까지는 별로 문제 될 게 없다고 생각하는 부모들도 있을 것이다. 하지만 진짜 문제는 그다음이다.

선보는 자리에서 "당신은 합격입니다"라고 말하는 남자

살아 있는 사람 대신 인터넷으로 성적 욕구를 해소하는 남자아이들의 가장 큰 문제는 실제로 여자와 교제할 때 어떻게 해야 하는지 전혀 모른다는 점이다. 학생 때는 2차원 연인만으로 충분했을지 모른다. 그러나 그들도 성인이 되어 사회에 나가면 결혼을 생각해야 한다.

하지만 교제 경험이 없기 때문에 여자에게 데이트 신청조차 하기가 쉽지 않다. 운 좋게 데이트 신청에 성공해도 이내 퇴짜를 맞는 경우가 대부분이다. 앞서 말했던 명문대 학생들에게도 준수한 외모와 학벌을 보고 접근해오는 여자들이 있었다고 한다.

실제로 데이트를 한 적이 있다는 학생들도 여럿이었다. 그러나 첫 데이트가 마지막 데이트가 된 경우가 대부분이었다. 왜냐하면 지루하기 때문이다. 여자와의 교제 경험이 없는 남자는 상대를 배려하는 방법을 모른다. 데이트할 때 나누는 이야깃거리도 빈약하다. 그래서 여자들이 금세 흥미를 잃고 마는 것이다.

그러다 나이가 차면 드디어 이들도 '결혼 시장'에 진출한다. 연애 경험이 전무한 남자들이 결혼 시장에 뛰어들면 온갖 웃지 못할 상황들이 펼쳐진다.

한번은 아는 여성에게 이런 이야기를 들은 적이 있다. 당시 그녀는 한창 선을 보고 다녔는데, 하루는 최고 학벌에 일류 기업에 다니는, 외모도 준수한 30대 초반의 회사원과 선을 보게 되었다. 마주 앉아 식사를 하고 있던 도중 남자가 느닷없이 이렇게 말하더란다.

"당신은 합격입니다!"

그러더니 남자는 어안이 벙벙해 있는 여자에게 "젓가락질도 올바르고, 자세도 좋고, 이야깃거리도 풍부한 점이 마음에 들었습니다"라며 합격 이유까지 친절히 설명해주었다고 한다. 마치 학생을 칭찬하는 선생님 같은 표정으로 말이다.

처음 만난 여자에게 면접관처럼 점수를 매기는 것도 모자라 상대에게 대놓고 당신은 합격이라고 말하다니. 정상적인 이성 교제 경험이 있는 남자라면 절대 하지 않는 행동이다. 더 나아가 인간관계의 기본조차 안 되어 있다는 생각마저 들 정도이다.

진정 "합격입니다!"라고 말하면 상대가 기뻐할 것이라고 생각한 것일까? "네? 저 같은 사람도 괜찮으세요?"라고 감격해서 눈물이라도 흘릴 줄 알았던 것일까?

'아이를 인기 있고 매력적인 어른으로 키우고자 하는' 나의 교육적 목표와 현실 사이의 괴리를 뼈저리게 느낄 수 있었던 일화였다.

달성 경험은 쌓일수록 약이 된다
: 해냈다고 생각할 수 있는 일들을 경험하게 할 것!

무슨 일이든 극복할 수 있다는 자신감의 원천

이렇듯 제 몫을 다 하지 못하고, 이성과의 건전한 의사소통도 불가능한 '민폐형 인간'이 점점 증가하고 있는 것이 이즈음의 세태다. 이대로 좌시하고 있을 수만은 없다. 그렇다면 아이를 민폐형 인간이 아닌, 강인하고 자립적인 어른으로 키우려면 어떻게 해야 할까?

가장 좋은 방법은 아이가 '달성 경험'을 쌓게 하는 것이다. 성취감을 맛본 경험이 있는지 없는지는 아이의 인생에 매우 큰 영향을 미친다. 나는 사원 채용 시험 때, 사춘기에 어떤 달성 경험을 했는지를 당락의 기준으로 삼을 정도로 달성 경험이라는 것을 중요하게 생각한다.

달성 경험에는 크게 두 가지 종류가 있다. 하나는 목표를 달성한 경험이다. 운동으로 전국 대회에 출전하거나 바이올린 콩쿠르에서 수상하는 등 자신의 노력으로 정상에 이른 경험 같은 것. 괴로운 시기도 있었고, 그만두고 싶을 때도 있었지만 끝까지 참고 완수했던 경험이 있다면 아이는 자신감을 갖고 일생을 살아갈 수 있다.

다른 하나는 고통을 극복한 경험이다. 부정적인 상황을 자신의 힘으로 이겨낸 경험인데 '극복 경험'이라고도 말할 수 있다. 왕따를 극복한 경험, 질병이나 부상을 이겨낸 경험, 실연의 아픔에서 다시 일어선 경험 등이 여기에 속한다.

어릴 때부터 이런 달성 경험을 착실히 쌓아온 사람들은 일 처리도 깔끔하다. 어렵게 입사한 회사에서 한 달도 견디지 못한 채 "저한테는 맞지 않는 것 같습니다"라는 말을 남기고 그만두는 경우도 없다.

세상에 만만한 일은 없다. 어떤 분야에서든 제 몫을 하기 위해서는 시간이 걸린다. 게다가 어디에나 터무니없는 억지를 부리는 인간들이 있게 마련이다. 사소한 트러블이 끊이지 않고, 매일 야근해야 할 때도 있다. 그러나 달성 경험이 풍부한 사람은 강인함과 융통성을 가지고 있기 때문에 어떤 상황도 극복할 수 있다.

어릴 때부터 하나라도 더 많은 달성 경험을 쌓게 하자

달성 경험은 유년기 때부터 쌓을 수 있다. 반 친구들 앞에서 혹은 어머니에게 칭찬을 받았던 크고 작은 경험들이 아이에게는 평생의 자랑거리가 된다. 특히 사춘기 아이에게는 더 많은 달성 경험이 필요하다. 감성이 예민하고 풍부한 이 시기에 아이들은 자신의 이미지를 결정하기 때문이다.

내 경우에는 초등학교 5학년 때 왕따를 극복했던 것이 중요한 달성 경험 중 하나였다. 그 경험 덕분에 왕따에 대한 면역력이 생겼는지 중학교 1학년 때 배구부 친구들에게 괴롭힘을 당하면서 '또?'라고 생각했을 뿐이다. 그러자 아이들의 괴롭힘도 금방 사라졌다. 아마 내가 크게 동요하지 않아서 시시해졌던 것일 게다. 왕따란 원래 그런 것이다. 또 다른 달성 경험은 고등학교 시절 야구부에서 열심히 활동했던 경험이다.

달성 경험은 잘하는 분야에서만 쌓을 수 있는 것이 아니다. 오히려 못하는 분야에 도전하는 것이야말로 진정한 달성 경험이다. 그래서 나는 학생들에게 자신이 못하는 것에 도전하라고 자주 말한다. 잘하는 일에 도전했을 때보다 못하는 일에 도전했을 때 성장의 폭이 더 크다. 그리고 그만큼 더 큰 보람을 느낄 수 있다.

사실 나에게 야구는 그다지 자신 있는 분야가 아니었다. 초등학교 때부터 학업 성적은 줄곧 좋았지만, 운동은 영 아니었다. 그런 내가 고등학교에 입학해서 야구부에 들어가자 중학교 동창들은 다들 믿을 수 없다며 놀라워했다.

초반에는 연습이 너무 고된 탓에 몇 번이나 그만두려는 마음을 먹기도 했다. 그러나 연습이 끝난 뒤 수돗가에서 물을 마시고 있으면 언제나 선배들이 애정 어린 말투로 격려해주었다. 그 말을 들으면 '그래!

내일도 힘내자!'는 생각에 다시 용기를 낼 수 있었다.

그러다 보니 어느새 나는 상대 팀 타자가 쉽게 칠 수 없을 만큼 빠른 공을 던지는 구원 투수가 되어 있었다. 중학교 때의 나로서는 상상도 할 수 없던 일이었다.

하루는 평소 선망의 대상이던 투수 선배에게서 "와, 진짜 대단한데!"라는 칭찬을 받은 일도 있었다. 지역 내에서도 굴지의 우완 투수로 손꼽히는 선배에게 그런 말을 들었을 때의 기쁨을 나는 지금도 잊을 수 없다. 그리고 그 일은 아직도 내 자신감의 원천이 되는 달성 경험으로 남아 있다.

아이에게도 가능하면 많은 달성 경험을 쌓게 하자. 아이가 도전하고 싶어 하는 일을 못하게 하거나, 섣불리 끼어들어 스스로 고난을 극복할 수 있는 기회를 빼앗지 않도록 주의하자. 달성 경험들이 모여서 아이를 한층 빛내주고 성장시킨다.

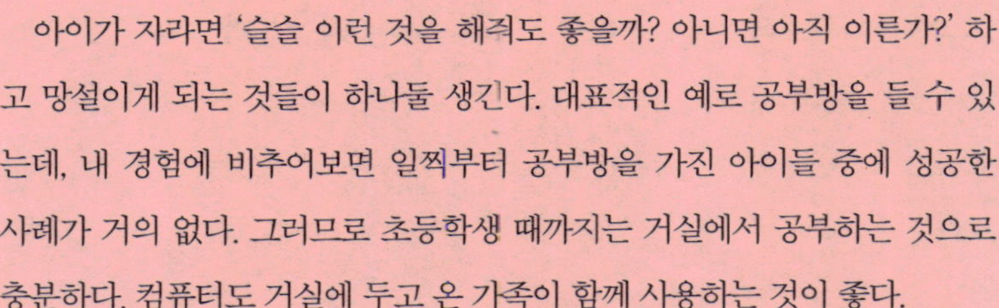

사춘기 아이에게 알려주면 좋은 것과 나쁜 것

아이가 자라면 '슬슬 이런 것을 해줘도 좋을까? 아니면 아직 이른가?' 하고 망설이게 되는 것들이 하나둘 생긴다. 대표적인 예로 공부방을 들 수 있는데, 내 경험에 비추어보면 일찍부터 공부방을 가진 아이들 중에 성공한 사례가 거의 없다. 그러므로 초등학생 때까지는 거실에서 공부하는 것으로 충분하다. 컴퓨터도 거실에 두고 온 가족이 함께 사용하는 것이 좋다.

또 초등학생에게는 용돈이 필요 없다. 기본적으로 필요한 것이 있으면 부모에게 말하도록 하는 것만으로도 충분하다. 중학생이 되면 친구들과 쇼핑을 하면서 어울리는 것도 중요하므로 어느 정도의 용돈은 주는 것이 좋다.

사실 요즘 같은 시대에 실현 불가능한 말일 수도 있지만, 가능한 한 컴퓨터 게임을 자제시키는 것이 좋다. 밖에서 다양한 경험을 해야 할 시기에 방에 처박혀서 게임만 하는 것은 아이의 성장을 크게 저해한다. 게다가 게임은 중독성이 너무 강하다. 실제로 게임 때문에 인생을 망친 아이들을 수도 없이 봐왔다. '게임을 허용하는 시간'을 정해놓고 딱 그만큼만 즐길 수 있도록 하는 것도 한 방법이다. 그 시간에 부모가 함께 게임을 하는 것도 좋은 방법이다.

어머니,
지금 당신은 행복하십니까?

3

따뜻한 밥과 웃는 어머니
이 두 가지만으로도
아이가 자라고, 가정이 자란다

가정의 중심은 아버지가 아니라 어머니다
: 어머니의 존재감만으로도 아이는 잘 자란다

가정의 실질적인 리더는 어머니

아이에게 어머니는 말할 수 없이 위대한 존재다. 남자아이에게는 여신이고, 여자아이에게는 삶의 모델이다. 알고 보면 아이들은 어머니에게 칭찬을 받으려는 생각 하나로 산다.

반면 아버지는 어머니와 비교할 때 작은 점 같은 존재에 불과하다. 어디까지나 어머니의 자녀 양육을 돕는 존재일 뿐이다. 아버지의 가장 큰 역할은 어머니가 아이에게 계속해서 위대한 존재로 남을 수 있도록 뒤에서 돕는 것이다.

아버지들을 대상으로 한 강연에서도 나는 항상 이 점을 강조한다. 대부분의 아버지들이 깊게 공감하는 내용이다. 아버지로서 무엇을 해야 좋을지 모르고 있던 아버지들이 강연을 듣고 안심이 됐다는 감상을 전하기도 한다.

　　어머니를 절대적 존재로 생각하고 따르던 아이들도 사춘기가 되면 어머니와 거리를 두려는 것처럼 보인다. 그러나 속으로는 변함없이 어머니를 좋아하고, 여전히 기댈 수 있는 안식처로 생각한다. 어머니의 웃는 얼굴을 보기 위해 노력하는 점도 그대로다. 그러니까 어머니들은 부디 자신감을 잃지 말기 바란다.

　　나도 사춘기 때는 어머니에게 고분고분하게 대하지 않고 난폭한 말을 내뱉기 일쑤였다. 중학교 2학년 합창 대회가 있던 날에도 오겠다는 어머니에게 "절대 오지 마!"라고 말하며 집을 나섰다. 그러나 내심 어머니가 보러 와주었으면 하고 바라던 나는, 대회장에서 어머니가 보이지 않아 기분이 상했다. 우리 반이 우승하는 것을 어머니에게 보여주고 싶었는데 말이다.

　　기분 나쁜 표정으로 집에 돌아온 나를 보고 어머니는 "네가 보러 오지 말라고 했잖아" 하며 놀렸다. 그리고 이내 웃는 얼굴로 "사실은 갔었어. 축하해!"라고 말해주었다. 나는 "오지 말라고 했잖아!"라고 입을 삐죽거렸지만 속으로는 '아싸!' 하면서 기뻐했다.

　　어른이 되어서도 나의 그런 면은 변하지 않았다. 몇 년 전 어머니의 지인으로부터 "어머니가 네 활약을 기뻐하고 있단다"라는 말을 들었을 때는 마치 하늘을 나는 듯한 기분이었다.

　　어머니에게 칭찬을 받으면 춤이라도 추고 싶어질 만큼 행복해지는 것이 남자들의 고칠 수 없는 습성이다. 알고 보면 남자는 평생 마마보이다. 물론 딸들도 크게 다르지 않을 것이다. 그러니 부디, '내가 엄마 노릇을 잘하고 있는 것일까' 하면서 애면글면 걱정하는 일이 없기를 바란다.

어머니의 따뜻한 밥과 웃는 얼굴이 아이를 키운다

아이가 어머니의 사랑을 느끼는 최고의 매개체는 생명력의 원천인 '밥'이 아닐까 싶다. 어머니는 아이가 태어나자마자 젖을 주며 살아갈 에너지를 제공한다. 그리고 아이는 그런 어머니에게 절대적인 신뢰를 갖는다.

이런 관계는 나이가 들어도 변함이 없다. 매일 맛있는 식사를 차려주고, 아침 일찍 일어나 도시락을 싸준다. 배가 고프다고 하면 재빨리 주먹밥을 만들어준다. 내가 제일 좋아하는 음식이 뭔지 잘 알고 있다. 이런 것들이 쌓이면서 아이는 어머니에 대한 신뢰, 더 나아가서는 인간에 대한 신뢰를 키워간다.

또 하나 중요한 것이 어머니의 '웃는 얼굴'이다. 아이는 어머니의 웃는 얼굴을 좋아한다. 그 얼굴을 보고 싶다는 일념으로 무슨 일이든 열심이다. 어머니의 행복한 얼굴을 보면 아이도 행복해지고, 이 세상은 살 만하다는 안도감을 느낀다. 반대로 어머니가 불안해하고 초조해하면 아이도 불안해진다. 세상을 안심할 수 없는 곳으로 생각하면서 두려움을 갖는다.

특히 유년기 아이에게 어머니의 영향력은 매우 크다. 따라서 어머니들은 가능하면 웃는 얼굴로 아이들을 대해야 한다. 그리고 무슨 일이 있어도 동요하지 말고, 의연한 자세를 취하는 것이 좋다.

아이에게 문제가 생겼을 때 괜찮다고 말하면서, 대수롭지 않다는 태도를 보이면 아이도 이내 마음의 안정을 되찾는다. 반면 어머니가 어떤 일에 대해 크게 불안해하고 당황하는 모습을 보이면 아이도 큰 일이 벌어진 것으로 생각하고 동요한다. 아이들은 어머니의 반응을 보고 문제의 심각성을 판단한다는 사실을 명심하자.

웃는 어머니야말로 아이에게 복을 부르는 존재다

가끔씩 부모와 아이가 큰 소리로 함께 웃는 것도 필요하다. 오랫동안 많은 어머니들을 만나면서 알게 된 것 중 하나가 작은 일에도 크게 웃을 줄 아는 어머니들의 가정이 대체로 화목하다는 사실이었다. 어머니가 어떤 일에서든 재미를 발견하는 센스를 가지고 있으면 집안 분위기가 밝아진다.

아버지나 아이가 농담을 하거나 장난을 칠 때 "무슨 바보 같은 말이야? 제발 그런 유치한 짓 좀 그만해"라고 차갑게 말하는 어머니가 있는 가정과 "정말 못 말려" 하고 깔깔 웃으며 받아주는 어머니가 있는 가정의 분위기는 전혀 다르다. 게다가 너그럽게 즐길 줄 모르는 어머니 품에서 자란 아이는 사소한 문제나 실패도 심각하게 받아들이고,

잔뜩 풀이 죽거나 위축되기 쉽다. 실패를 용서하지 않는 가정 분위기 때문이다.

어머니에게 비난받는 일이 두려워 자신의 잘못을 숨기는 아이들도 있다. 공부할 때도 모르는 것이나 틀린 것을 숨기고 속인다. 이래서는 성적이 좋아질 리 없다. 반면 사소한 일에서 재미를 느끼고 어떤 일도 즐길 수 있는 너그러운 마음을 가진 어머니 품에서 자란 아이는 문제나 실패를 웃음으로 바꿀 줄 안다. 그리고 고통스러운 일이 눈앞에 닥쳐도 씩씩하게 극복해나간다.

어린 시절을 되돌아보면, 우리 어머니도 항상 웃음이 넘치는 분이었다. 내가 초등학생 때 일이다. 집에 돌아왔는데 언제나 열려 있던 현관문이 어찌 된 영문인지 잠겨 있었다. 마침 볼일이 급했던 나는 매우 난처해졌다. 결국 어쩔 수 없이 집 뒤뜰로 가서 일을 보고 휴지도 그곳에 그대로 버려두었다.

잠시 후 집에 돌아온 어머니가 나에게 말했다. "개가 똥을 쌌어." 내가 "그래?" 하며 시치미를 떼자, 어머니는 "요즘엔 개도 휴지를 쓸 줄 알더구나"라고 말했다. 그 사건은 내 기억 속에 꽤 재미있는 에피소드로 남았다.

중학교 때 알람 시계가 고장 났을 때도 그랬다. 고장 난 알람 시계가 요란스러운 소리 대신 '리링, 리링' 하면서 가냘픈 소리를 내자 어머니는 이렇게 말했다. "어머, 알람 시계가 굉장히 상냥하구나." 시계를 의

인화해서 말하는 것이 재미있어 배를 잡고 웃었던 기억이 있다.

　유머와 센스가 있는 어머니. 어쩌면 이보다 더 아이를 행복하게 해주는 존재는 없는 것 같다. 별것 아니라고 생각할 수 있지만, 바로 이것이야말로 어머니가 맡아야 할 가장 큰 역할이자 덕목임이 분명하다.

웃을 것! 행복한 어머니가
행복한 아이를 만든다
: 안타깝게도 요즘 어머니는 모두 너무 지쳐 있다

어머니의 웃는 얼굴이 사라지는 사회

어머니가 항상 웃는 얼굴이면 그 아이도 건강하고 좋은 아이로 자란다. 우리 학생들을 보더라도 '참 좋은 아이구나'라는 생각이 드는 아이의 어머니를 보면 역시나 하고 고개를 끄덕이게 된다. 그들은 언제나 얼굴에 미소를 머금고 있다.

이처럼 어머니의 웃는 얼굴은 매우 중요하다. 그런데 요즘은 어머니의 웃는 얼굴이 점점 사라져가고 있는 것 같다. 이는 곧 아이가 건강하게 자라는 일이 어려워지고 있다는 뜻이기도 하다.

어머니의 웃는 얼굴이 사라지는 이유는 아이를 키우는 어머니들이 너무 고독하기 때문이다. 지쳐 있기 때문이다. 의지가 되어야 할 남편은 매일같이 야근이다, 접대다 하면서 밤늦게 집에 돌아온다. 그러니 이야기 상대가 되어주지 못한다.

옛날처럼 대가족 안에서 다른 가족들의 도움을 받으며 자녀 양육을 할 수 있는 여건도 아니다. 이웃들과의 교류도 별로 없어서 주변 사람들에게 도움을 받는 것 또한 불가능하다.

물론 그런 환경에서도 학부모들끼리 혹은 이웃들끼리 모여 네트워크를 형성하고 그 속에서 스트레스를 해소하며 자녀 양육을 잘해나가는 어머니들도 있다. 그러나 요즘 젊은 어머니들은 인간관계에 서투른 경우가 많기 때문에 그마저도 쉽지 않다.

아이를 키우면서 갖게 되는 고민을 그 누구와도 나누지 못하고, 혼자 불안해하며 자녀를 양육하고 있는 어머니들을 나는 '고독맘'이라고 부른다. 그리고 이런 고독맘들의 수가 증가하는 것이 현대 사회의 심각한 문제 중 하나라고 생각한다. 폐쇄적인 가정에서 어머니 혼자 자녀 양육이라는 큰 역할을 모두 떠안고 있는 것은 건전한 상황이라고 볼 수 없다.

내가 아버지들을 대상으로 '아버지 교실'을 운영하는 것도 아버지들이 어머니들의 그런 어려운 상황을 이해하고 도와주었으면 하는 바람이 있기 때문이다.

이 시대의 어머니들을 웃게 할 수 있는 다섯 가지 방법

위에서 말한 '고독맘'을 도울 수 있는 방법은 크게 다섯 가지를 꼽을 수 있다.

첫 번째는 '남편'이다. 아버지가 얼마나 적극적으로 자녀 양육을 돕는가에 따라 어머니는 안정감을 느끼기도 하고 불안해하기도 한다. 현명한 아버지의 역할에 대해서는 제4장에서 보다 자세히 다룰 것이다.

두 번째는 '친정어머니'다. 언제나 웃는 얼굴을 보여주는 어머니들에게는 집 근처에 친정어머니가 살고 있다는 공통점이 있다. 대체로 자전거로 20분 정도 걸리는 아주 가까운 거리다. 시어머니와 가까이 살면 자녀 양육에는 도움을 받을 수 있겠지만, 고부 관계 특유의 스트레스가 생길 가능성이 높다. 반면 친정어머니에게는 아무 거리낌 없이 푸념을 늘어놓을 수 있다.

짜증 나는 일이 생기면 친정에 가서 "들어봐, 엄마"라면서 한바탕 시원하게 쏟아낸다. 친정어머니는 "그래, 그래" 하면서 딸의 이야기에 따뜻하게 귀 기울여준다. 딸이 남편 험담을 하면 "네 아버지도 그랬단다. 하여튼 남자들이란……" 하면서 맞장구를 쳐준다.

그러나 친정어머니와 같이 사는 것은 또 다른 문제를 불러올 여지가 있으므로 서로의 영역은 각자 지키는 것이 좋다. 그러면서 마음 내킬 때 언제든 찾아갈 수 있는 거리에 친정어머니가 살고 있다면 꽤 운이 좋은 것이다.

세 번째는 '다른 학부모들'이다. 같은 연령의 아이를 키우는 어머니들끼리 친구가 되는 것도 권장하고 싶은 일이다. 고민이 있어도 '우리 아이만 그런 게 아니구나' 하며 안심할 수 있고, 남편에 대한 불만을 서로 공유하고 해소할 수 있기 때문이다.

여자들은 공감 능력이 발달했기 때문에 남자들보다 의사소통에 훨씬 능숙하다. 특히 어머니들은 자녀 양육이라는 공통의 관심사를 갖고 있어 서로 공감하는 부분이 더 많을 것이다. 물론 그 속에서도 여자들 특유의 번잡하고 성가신 인간관계가 작용하겠지만, 도움을 받을 수 있는 부분이 훨씬 더 많다. 인간관계에 서투른 사람이라도 마음이 맞는 친구를 찾을 수 있을 것이라는 믿음을 가지고 어머니들의 네트워크에 동참해보자.

네 번째는 '일'이다. 아이를 키우다 보면 하루 24시간이 아이를 중심으로 돌아가기 마련이다. '옆집 애는 벌써 한자도 쓸 줄 안다던데 왜 우리 애는 아직일까?' 같은 생각을 하고 자기 아이를 다른 아이들과 비교하며 일희일비하는 어머니들이 있다.

그러지 않으려면 자기 일을 갖는 것이 좋다. 집을 떠나 전혀 다른 분위기에서 자신의 능력을 인정받을 수 있는 일을 하는 것이다. 내가 만나본 웃는 어머니들 중에도 자기 일을 가지고 건강하게 살아가는 사람들이 많았다.

그 일이 반드시 '돈을 버는' 일이어야 할 필요는 없다. 그럴 수 있다면 더할 나위 없이 좋겠지만, 취업이 생각대로 되는 것은 아니니 말이다. 자신이 즐겁게 빠져들 수 있는 일, 그것이 봉사든 취미든 상관없다. 하루에 단 몇 시간이라도 그런 일을 할 수 있다면 어머니의 무거운 마음은 한결 가벼워질 것이다.

다섯 번째는 '톱스타 효과'다. 아이돌 가수나 영화배우처럼 즐거운 마음으로 열중할 수 있는 대상을 갖는 것도 어머니들의 기분 전환에 효과적이다. 요즘은 어머니들 중에도 아이돌을 좋아하는 경우가 많다. 어머니들의 기분을 북돋아주는 공적을 생각하면 아이돌들에게 상이라도 주고 싶을 정도다.

이 다섯 가지 방법 중에서 자신의 여건에 맞는 대상을 찾아보라고 권하고 싶다. 남편이 첫 번째가 되면 좋겠지만, 그렇지 못하다고 해서 끌탕할 필요는 없다. 마음속의 짐을 덜어내고 활짝 웃을 수 있는 방법이 있다면 적극적으로 찾아 나설 것! 그리하여 나 자신부터 행복해질 것! 바로 이것이 내가 어머니들에게 바라는 소망이다.

'남편'과 '아이 아버지'를
다른 존재로 생각하자
: 아버지의 자리를 만들어 주는 어머니가 현명하다

집 안에서 아버지의 자리를 만들어주자

회사 일에 쫓겨 집에 일찍 들어오지 못하는 아버지들이 많다. 퇴근이 너무 늦어 평일에는 아이와 얼굴조차 마주하지 못하는 아버지들도 수두룩하다. 그래서 많은 아이들이 아버지의 존재감을 거의 느끼지 못한다. 가정 내에서 그런 아버지들의 자리를 만들어주는 것 역시 어머니의 중요한 역할 중 하나다.

내가 추천하고 싶은 방법은 '식사 우선법'이다. 가족끼리 외식을 하러 가면 아버지가 주문하게 한다. 아버지가 없는 저녁 식사 자리에서도 아버지의 밥을 먼저 푼 다음, 따로 놓아둔다. 이런 방법들을 통해 아이들은 아버지의 위치를 인식하고 마음에 새길 수 있다.

아이가 피아노를 배우고 싶다거나 입시 학원에 다니고 싶어 하면 우선 "아버지와 이야기해보자. 아버지가 승낙하시면 보내줄게"라고 말한다. 실질적인 결정권을 어머니가 가지고 있다 하여 아이 앞에서 아버지에게는 나중에 통보만 하면 된다는 태도를 취하면 아이도 아버지를 무시한다. 어디까지나 우리 가족의 최종 결정권은 아버지에게 있다는 점을 지속적으로 인식시키자.

아이와 대화를 나눌 때도 "아버지는 정말 멋있고 대단한 분이야. 아버지한테 감사하는 마음을 가져야 한단다" 같은 말을 자주 들려주자. 그러면 아이도 아버지에 대한 존경심을 갖게 되고 행동으로 표현한다. 아버지에게 "어머니가 아버지는 멋진 사람이라고 했어요"라는 말을 전해줄 수도 있을 것이다.

그러나 안타깝게도 아이 앞에서 아버지에 대한 험담을 아무렇지 않게 하는 어머니들이 적지 않다. "너희 아빠는 매일 늦는구나. 정말 마음에 안 들어. 진짜 회사 일 때문에 늦는 건가"와 같은 말은 악과다. 심지어 아이에게 "아버지처럼 되면 안 된다"고 말하는 어머니도 있다. 절대 있을 수 없는 일이다. 아버지의 위엄이 없는 가정일수록 사춘기 아이들이 문제를 일으킬 소지가 많다.

어머니들이 잊지 말아야 할 것이 남자들은 자존심으로 산다는 사실이다. 가정을 위해 밖에서 최선을 다해 일하는 자신을 가족들이 고마워하고 존경한다는 것을 느끼면, 아버지는 더욱 힘을 낸다. 남편으로서는 마음에 들지 않더라도 아버지로서는 존재감 있는 인물을 만드는 사람 역시 어머니다. 그러고 보면 어머니들, 정말 위대하다.

딸은 미덥지만, 아들은 영 불안하기만 한 어머니들

어머니는 가정의 중심으로서 항상 가족 한 명 한 명에게 골고루 신경을 쓴다. 기운이 없거나 몸이 안 좋은 사람은 없는지, 마지막으로 온 가족이 모여 식사한 때가 언제였는지 등 세세한 부분까지 두루 살피는 것이 어머니라는 존재다.

이는 아이들을 대할 때도 마찬가지다. 어머니는 모든 아이들을 똑같이 사랑하고 평등하게 대하려 한다. 그런데 자녀의 수가 많으면 자기도 모르는 사이에 형제자매 중 누군가를 편애하고 있다는 인상을 줄 수 있으므로 주의해야 한다.

아이들은 어머니를 굉장히 좋아해서 가능하면 어머니를 독점하고 싶어 한다. 때문에 다른 형제자매를 대하는 어머니의 행동에 조금의 차이만 있어도 민감하게 반응한다.

"엄마는 동생만 좋아해."

"엄마는 형(언니)만 좋아해."

"나 같은 건 관심도 없지."

그러고는 토라지기 일쑤다.

특히 누나가 남동생을 질투하는 경우가 많다. 첫아이가 여자이고, 그다음이 남자일 경우, 대부분의 어머니들이 상대적으로 다루기 쉬운 여자아이보다 남자아이에게 더 신경을 많이 쓰기 때문이다.

어머니에게 남자아이는 미지의 존재다. 행동 하나하나가 이해할 수 없을 때도 많지만, 다른 한편으로는 그런 면이 귀엽기도 하다. 반면 여자아이는 자기 앞가림을 할 수 있을 만큼 컸고, 같은 여자라는 생각에 "스스로 할 수 있지? 엄마가 힘든 거 잘 알지?" 하며 무심코 뒷전으로 미루어둔다.

절대 어머니에게 악의가 있거나 딸을 더 이상 사랑하지 않아서 그러는 것이 아니다. 딸에게 관심이 없는 것도 아니다. 유심히 살펴본 다음 괜찮겠다고 안심했기 때문에 "스스로 할 수 있지?"라고 말하는 것이다.

그러나 딸에게는 이런 상황이 썩 유쾌하지 않다. 어머니가 자신에게 관심을 보이면서 더 예뻐해줬으면 좋겠다고 생각한다. 딸아이가 도통 말을 듣지 않는다며 상담하러 오는 어머니들의 이야기를 들어보면 대부분 그런 경우다.

아무리 우애 깊은 형제자매라도 속으로는 어머니의 사랑을 차지하기 위해 격렬한 싸움을 벌이고 있다. 그럴수록 어머니가 자녀들을 평등하게 대하려고 노력해야 한다.

어머니는 딸의 미래이자 거울이다
: 어머니가 행복해야 할 이유도 바로 이것!

여자는 현실에 매우 강한 존재다

나는 요즘 들어 부모와 아이의 관계 중에서도 특히 어머니와 딸의 관계가 매우 중요하다는 생각을 한다. 어머니에서 딸로, 딸에서 그 딸로 이어지는 흐름이 지구 상에서 인류가 생존할 수 있게 하는 핵심 요소라는 생각이 들기 때문이다. 남자들은 단지 그 흐름에 편승하여 살아가는 것뿐이다.

그도 그럴 것이 남자는 부족한 게 많다. 제때 끼니를 챙겨 먹는다는 개념부터 희박하고, 상대를 적이라 느끼면 곧바로 전투 태세에 돌입한다. '남자의 로망' 혹은 '담력 테스트'라는 이름으로 죽음을 두려워하지 않는 모험을 즐긴다. 위험을 좋아하는 남자들의 세계에서는 누가 더 위험한 행동을 하느냐에 따라 서열이 정해진다.

남자아이들은 가장 높은 곳에서 뛰어내리는 아이를 영웅시한다. 이는 성인 남자들도 마찬가지다. 내기나 도박에서 어설프게 푼돈을 남기기보다 큰돈을 걸었다가 빈털터리가 되는 게 더 멋있다고 여기는 것이 남자들이다. 물론 여자들은 조금도 이해할 수 없다.

하지만 그런 남자들을 막을 수 있는 여자들 덕분에 인류는 멸종하지 않고 존속해왔을 것이다. "모험도 좋지만 현실을 생각해야지. 아이 교육은 어떻게 할 거야?"라고 단호하게 말하는 쪽은 단언컨대 여자들이다.

여자는 현실적인 문제에 강하다. 언제나 먹을거리를 먼저 생각하고, 안정적인 삶을 추구한다. 즉 생존력이 강한 존재이다. 또 여자는 위기에도 강하다. '이왕 이렇게 된 거 어쨌든 해볼 수밖에'라는 생각으로 위기 상황에 신속히 대처한다. 이념에 사로잡히기 쉬운 남자들에겐 없는, 여자들의 이런 특성은 멋지다는 말 이외에는 표현할 길이 없다.

이렇듯 현실감각이 탁월하고, 생존력이 강한 여자가 남자에게 끊임없이 현실을 일깨워주고 도와주는 것이 인류 본연의 진리다. 역사책을 봐도 영웅들에게는 보이지 않는 곳에서 그들을 도왔던 강인한 여인들이 항상 있었다.

어머니는 딸에게 여자의 그런 강인함과 지혜를 물려줄 의무와 책임이 있다. 그러기 위해서는 딸과 좋은 관계를 구축하는 것이 선행되어야 한다.

그럼에도 불구하고 한없이 틀어지기 쉬운 어머니와 딸

같은 여자이기 때문에 딸에 대해서는 잘 이해하고 있다고 생각하는 어머니들이 많다. 그러나 한번 틀어지면 좀처럼 회복하기 어려운 것 또한 어머니와 딸의 관계다. 악화된 관계 속에서 성장한 딸이 어머니가 되면 이번에는 그 딸과의 관계에서도 문제가 생긴다. 학부모들의 경우를 보더라도 친정어머니와의 관계가 좋지 않은 사람들은 자녀 양육에서도 어려움을 겪는 경우가 많다.

언제나 신경질적이고 툭하면 다른 사람들 험담을 하는 어머니가 있었다. 나에게 상담하러 와서도 그런 종류의 푸념이나 험담을 늘어놓곤 했다. 그녀에게 진정 필요한 것은 친밀한 상담 상대가 아닐까 하는 생각에 한번은 친정어머니와 이야기를 나눠보는 것이 어떻겠냐고 넌지시 말해보았다. 그랬더니 "아니요, 그 사람에게는 말해도 소용없어요"라고 딱 잘라 거절했다. 이야기를 들어보니 친정어머니와는 사춘기 이후 사이가 틀어져서 그 상태로 30년 넘게 지내왔다고 한다. 사는 곳이 그리 멀지 않은데도 아이를 데리고 친정어머니를 찾아간 일이 거의 없었단다.

초등학교 3학년 때 일어난 사건이 발단이었다고 했다. 그녀는 부엌일을 도와달라는 어머니의 말을 듣고 싱크대 앞에 섰지만, 무엇을 어찌해야 할지 몰라 우물쭈물하고 있었다. 그런 그녀에게 어머니가 이렇게 말했다고 한다. "아휴, 됐어! 네가 있으니까 오히려 방해된다. 네가 그렇지. 뭘 잘하겠니. 저리 가 있어." 순간, 그녀는 절대 어머니를 용서하지 않겠노라 다짐하고는 마음의 문을 굳게 닫아버렸다는 것이다. 물론 단지 그 일 때문에 그들 모녀의 사이가 틀어진 것은 아니었다. 그녀는 이미 오래전부터 마음속에 어머니에 대한 원망을 품고 있었다. 어머니가 남동생만 사랑한다는 생각 때문이었다. 문제의 그 사건은 오랫동안 가슴속에 품고 있던 원망을 폭발시킨 촉매제에 불과했다. 성인이 된 당시에도 그녀는 "그 여자는 남동생만 예뻐하는걸요" 하고 잘라 말했다.

여자는 일단 정이 떨어지면 두 번 다시 돌아보지 않는 성향이 강하다. 조금은 무서운 존재이기도 한 것이다. 모르기는 해도 그녀 역시 어머니를 '용서할 수 없는 사람'으로 단정하고 그대로 묻어버린 것이다. 친정어머니와의 좋지 않은 관계는 아이에게도 부정적인 영향을 끼친다. 그리고 분명 그녀 자신도 그 같은 불편한 상태가 지속되는 것을 괴로워하고 있을 것이다. 만약 독자 중에 친정어머니와 불편한 상태에 있다면 이제 그만 어머니를 용서하고 스스로도 편안해지길 바란다. 어머니도 최선을 다해 아이를 길렀을 것이고, 그녀 역시 사랑받으며 자랐을 것이기 때문이다.

무엇보다 어머니와 원만하지 못할 때 그 관계가 딸에게로 이어질 수 있다는 사실을 염두에 두어야 한다. 그런 생각을 하면 친정어머니와의 관계 회복이 한결 쉬워지지 않을까.

딸들은 무의식적으로 어머니를 따라 한다

여자아이에게 어머니는 한마디로 '삶의 본보기'다. 여자로서 어떻게 살아갈 것인가를 생각할 때 아이는 어머니의 삶을 본보기로 삼는다. 좋은 의미에서든 나쁜 의미에서든 어머니의 삶은 딸이 태어나서 가장 먼저 접하는 여자의 삶으로서 상당한 영향력을 갖는다.

어머니 자신도 이미 그 사실을 잘 알고 있을 것이다. 본인에게도 자신의 어머니가 그랬을 테니까. 그중에는 '엄마처럼 살고 싶다'며 어머니의 삶을 따른 사람들도 있을 것이고, 반대로 '엄마처럼 살고 싶지 않다'며 어머니와는 전혀 다른 인생을 살아온 사람도 있을 것이다.

예를 들어 일 때문에 바쁜 어머니 밑에서 외로움을 느끼며 자란 여성은 전업주부의 길을 택하는 경우가 많다. 반대로 전업주부인 어머니 밑에서 매일같이 어머니의 푸념과 한탄을 들으며 자란 여성이 커리어 우먼의 길을 택하는 경우도 있다.

어느 쪽이든 어머니의 삶을 기준으로 삼았다는 점에선 별 차이가 없다. 여자아이들은 어렸을 때부터 어머니를 자신의 본보기로 삼는다. 오랜 관찰을 거쳐 열 살쯤 되면 어머니에 대한 것은 거의 대부분 파악하고 있다.

어머니의 말투를 그대로 따라 하는 것도 여자아이들의 재미있는 특징이다. 여자아이들이 소꿉놀이할 때 나누는 대화를 들어보면 "손 깨끗이 씻었어? 아빠가 오늘도 늦네. 먼저 자자" 같은 말을 한다. 그런 모습을 보면 '분명 집에서 어머니가 그런 말을 자주 하는 거겠지'라는 생각이 들어 절로 미소가 지어진다.

남자아이에게 "꾸물거리지 마!"라고 소리치는 장면도 종종 목격한다. 만약 어머니들이 그런 딸의 모습을 본다면 '어머, 내 말버릇이잖아'라는 생각이 들어 창피해하거나 웃고 말 것이다.

때로는 과거 어머니가 했던 행동을 그대로 따라 하고 있는 자신을 발견하고 뜨끔할 때도 있을 것이다. '어머니가 돼도 나는 절대 하지 말아야지' 하고 다짐했던 어머니의 행동들을 자기도 모르게 아이에게 그대로 하고 있더라는 이야기도 자주 듣는다.

그 정도로 여자아이들은 상당한 집중력을 가지고 어머니를 관찰한다. 어머니를 관찰하면서 '어머니는 이렇다'는 이미지를 만들어 마음속에 새겨두고 자기도 모르게 따라 한다.

같은 여자니까…… 그래서 다 이해할 수 있다

반면 남자아이에게 어머니는 어디까지나 여신일 뿐이다. 그렇다고 아버지를 본보기로 삼느냐 하면 그렇지도 않다.

아버지를 보면서 '이런 아버지가 되고 싶다'고 생각하는 남자아이는 없다. 아버지는 단지 놀이 상대일 뿐이다. 아버지처럼 되고 싶다, 혹은 되고 싶지 않다는 생각을 하기 시작하는 것은 10세 이후다. 그전까지는 '오늘도 같이 총싸움을 해주면 좋겠다'는 생각뿐이다.

하지만 여자아이는 꽤 일찍부터 가정, 생활, 어머니 등에 대해 구체적이고 현실적인 이미지를 갖고, 이를 자신의 미래상에 투영한다. 그러므로 어머니들은 딸이 어렸을 때부터 어머니로서 최선을 다하는 모습을 보여주는 것이 좋다.

사실 어머니들에게는 남자아이보다 여자아이가 키우기 쉽다. 같은 여자로서 같은 특징을 공유하기 때문이다. 감정에 휘둘리기 쉬운 점, 심술궂은 짓을 하지만 사실 속으로는 애정을 갖고 있는 것 등도 같은 여자이기 때문에 더 잘 이해할 수 있다.

아이를 나무랄 때도 '이 정도 말로는 상처받지 않을 거야'라는 느낌이 있기 때문에 수위를 조절할 수 있다. 반면 남자아이에게는 상대적으로 조심스러워진다. 도대체 왜 그런 행동을 하는지, 별것 아닌 말에 왜 그렇게까지 기가 죽는지 이해하기 어렵다. 어머니에게 남자아이는 미지의 세계이자, 놀라움의 연속일 것이다.

그런 의미에서 여자아이는 남자아이보다 안정적으로 믿음을 갖고 양육할 수 있다. 여자아이는 일찍 자아에 눈을 뜨기 때문에 딸과 좋은 관계를 지속하려면 일찌감치 어른으로 대해주는 것이 좋다. 가르치거나 가르침을 받는 딱딱한 상하 관계에서 회사 선후배 같은 관계로 자연스럽게 옮겨가는 것이다.

어머니에게 남자아이는 미지의 존재다.
행동 하나하나가 이해할 수 없을 때도 많지만,
다른 한편으로는 그런 면이 귀엽기도 하다.
반면 여자아이는 자기 앞가림을 할 수 있을 만큼
컸고, 같은 여자라는 생각에 "스스로 할 수 있지?
엄마가 힘든 거 잘 알지?" 하며 무심코 뒷전으로
미루어둔다.

여자아이는 남자아이보다 안정적으로 믿음을 갖고
양육할 수 있다. 여자아이는 일찍 자아에 눈을
뜨기 때문에 딸과 좋은 관계를 지속하려면 일찌감치
어른으로 대해주는 것이 좋다. 가르치거나 가르침을
받는 딱딱한 상하 관계에서 회사 선후배 같은 관계로
자연스럽게 옮겨가는 것이다.

딸에게 들려주어야 할 사랑 그리고 성
: 어머니의 솔직하고 진지한 이야기가 필요하다

성인 여자의 세계에 온 것을 환영한다

어머니와 딸의 관계를 회사 선후배 같은 관계로 옮겨가기에 적합한 시기는 '홀로서기 선언' 이후다. 홀로서기 선언은 프롤로그에서 말했듯이 10세, 새 학기가 시작되는 날 '앞으로 나는 너를 어른으로 대하겠다'고 선언을 하는 것이다. 특히 이 선언은 어머니와 딸의 관계에서 효과가 크다.

"오늘부터 너도 어른이야. 그러니까 앞으로 엄마와 너의 관계도 완전히 달라질 거야. 엄마는 네 일에 더 이상 일일이 확인하고 간섭하지 않을 테니까, 네 일은 너 스스로 알아서 해야 해. 대신 엄마는 이제부터 인생에서 중요한 것들을 너에게 하나씩 알려줄 생각이야."

홀로서기 선언은 딸을 방치하겠다는 선언이 결코 아니다. 그것은 딸이 진짜 여자들의 세계, 어른의 세계에 온 것을 환영하는 인사라고 할 수 있다.

홀로서기 선언 이후에는, 어머니가 여성으로 걸어온 길 그리고 거기서 얻은 교훈, 딸에게 해주고 싶은 조언 등을 들려주자. 그러면 사춘기 딸은 어머니의 '진짜' 이야기에 귀를 기울인다. 또 '엄마는 이런 것까지 말해주는 사람이구나'라는 것을 느끼고, 자신도 마음을 열어 어머니와 많은 것들을 공유하게 된다. 물론 무엇이든 100% 솔직하게 털어놓지는 않겠지만 말이다. 이런 과정을 통해 어머니와 딸 사이에는 아버지나 남자 형제는 끼어들 수 없는 신뢰 관계가 형성된다.

어머니가 딸에게 해줄 수 있는 이야기로는 사랑, 멋, 성, 결혼의 현실과 결혼할 때의 마음가짐 등이 있다. 물론 한꺼번에 다 말해줄 필요는 없다. 우선 신체의 변화처럼 당장 필요한 지식부터 알려준 후에 단계를 밟아 조금씩 더 깊은 이야기로 화제를 넓혀가는 것이 좋다.

그런데 요즘 아이들은 어머니가 말해주기 전에 이미 많은 것들을 알고 있다. 특히 성에 대해서는 어머니가 무색해질 정도로 상당한 지식을 갖고 있는 아이들이 적지 않다. 5학년짜리 아이에게 꽤 적나라한 질문을 받고 당황했다는 어머니도 있었다. 하지만 크게 걱정할 필요는 없다. 여기저기서 주워들은 얄팍한 지식들만 많을 뿐, 경험이 있거나 실제 행동으로 옮기는 경우는 아주 드물 테니 말이다.

사춘기 딸은 어른들의 이야기를 충분히 이해한다

딸에게 알려줘야 할 사항들 가운데 절대 빼놓지 말아야 할 것 중 하나가 신체에 관련된 지식들이다. 5학년 무렵이면 생리를 시작하고, 체형도 바뀐다. 어머니 자신이 그 나이에 느꼈던 당황스러운 감정을 떠올려, 신체의 변화를 어떻게 받아들이고 대처해야 하는지 알려주자.

연애에 대해서도 꼭 가르쳐야 한다. 사춘기 여자아이들은 '사귄다'는 게 어떤 것인지, 좋아하는 사람이 생겼을 때 어떻게 하면 좋을지 등에 관심이 많다. '요즘 애들은 조숙한데 내 경험 따위가 먹힐까?'라며 주눅 들어 할 필요는 없다. 자신의 연애 경험을 있는 그대로 이야기해주자.

첫눈에 반한 남자가 있었는데 결국 짝사랑으로 끝났던 이야기, 처음에는 상대의 상냥함에 끌렸지만 우유부단한 성격이 싫어서 헤어졌다는 이야기, 많이 좋아했던 사람과 크게 싸우고 헤어졌을 때는 다시 사랑을 못 할 것이라고 생각했는데 그 후 아버지를 만나 사랑에 빠졌다는 이야기 등등. 어떤 이야기라도 상관없다.

'이런 이야기까지 하면 아이가 놀라지 않을까?' 혹은 '이런 심정을 말해줘도 이해할 수 있을까?' 하고 망설일 필요는 없다. 사춘기 여자아이들은 이미 그런 이야기들도 이해하고 받아들일 수 있을 만큼 조숙하다. 많이 힘들었겠다며 오히려 엄마를 위로해주는 아이들도 있다.

경험을 통해 알게 된 연애의 비법이나 교훈도 알려주면 좋다. 가능하면 많은 남자들을 만나면서, 남자 보는 눈을 기르는 것이 중요하다는 것, 실연이나 이별 경험은 여자를 더 강하게 만들어준다는 것, 남자는 자기를 좋아해주는 여자보다 자기가 좋아하는 여자를 더 원한다는 것 등등 어머니가 알고 있는 범위 내의 이야기들 말이다.

상대에게 어느 정도까지 스킨십을 허락할 것인지에 대해서도 적절한 시기에 알려주어야 한다. 현실적인 성교육은 가정에서 이루어지는 것이 가장 바람직하다. 물론 어머니들마다 기준이 다르겠지만, '몸이나 마음에 상처를 입지 않는 것'이 가장 중요하다는 점만큼은 확실히 일러두자.

결혼과 출산 그리고 일에 대해서……
: 아이를 또 하나의 어머니로 키우는 기초

"아버지를 선택해서 다행이야!"라고 말할 수 있으면 최고

결혼에 대한 현실적인 이야기도 사춘기 딸에게 꼭 들려주어야 할 이야기 중 하나다. 어머니 자신이 직접 경험한 것이나, 결혼에 대해 가지고 있는 생각들을 말해주면 된다.

배우자를 선택할 때는 연봉이나 학력 같은 조건보다 상대를 배려할 줄 아는 사람인지를 살펴봐야 한다는 것, 돈벌이도 못하면서 꿈만 좇는 남자와는 살 수 없다는 것, 무엇보다 중요한 것은 건강한 정신이라는 것, 그리고 결혼을 하면 연애 감정은 식지만 신뢰를 바탕으로 한 다른 종류의 애정이 싹튼다는 것……. 진심 어린 이야기라면 뭐든 좋다.

아이들 중에는 가끔 "나는 결혼하기 싫어. 꼭 해야 해?"라고 묻는 경우도 있다. 그런 아이에게는 "물론 살아가는 방식은 다양하지만 엄마는 결혼하길 잘했다고 생각해"라고 자신이 느낀 것을 말해주자. 더 나아가 "엄마는 많은 남자들과 데이트를 해봤지만, 마지막으로 아버지를 만나서 결혼한 걸 행운이라고 생각해"라며 자신 있게 말할 수 있으면 더 좋을 것이다.

"물론 네 아빠도 부족한 부분이 있었지만 근본은 착한 사람이었으니까."

"가끔 생각했던 것과 달라서 놀랄 때도 있지만 본래 완벽한 부부는 없는 법이란다. 그래도 이렇게 서로 사랑하며 살고 있는 걸 보면 엄마 아빠는 궁합이 좋은 것 같아."

어머니에게 이런 말을 듣는다면 아이는 기뻐할 것이다. 부모가 화목하면 아이도 행복을 느끼기 때문이다. 진심으로 '결혼해서 정말 좋았다. 상대가 네 아버지여서 다행이다'라고 느끼고 있다면 아이에게도 수시로 그런 마음을 표현하자.

단, 실제로는 매일 싸움만 하면서 거짓말로 "엄마는 행복해"라고 말하는 것은 절대 금물이다. 여자아이들은 어릴 때부터 냉정하게 현실을 보는 눈을 갖고 있기 때문에 부모가 서로 사랑하는지 아닌지 정확히 알고 있다.

여자아이들은 부모의 불화마저도 비교적 냉정하게 받아들인다. 이혼을 생각하는 어머니에게 세상에 남자는 많다며 오히려 격려의 말을 건네는 사춘기 딸도 있다. 어머니들은 그런 딸을 믿고 진실만 이야기하면 된다.

사춘기 때부터 결혼에 대해 어머니와 진실한 대화를 나눌 수 있는 여자아이는 행복하다. 그런 아이들은 어른이 되어서도 좋은 남편을 만나 화목한 결혼 생활을 한다. 어릴 때 연애와 결혼의 현실에 대해 정확히 배운 만큼, 남자에게 환상을 품거나 부적절한 상대와 사랑에 빠지는 일은 없기 때문이다.

일도, 가족도 모두 소중하다는 점을 말해주자

출산에 대해서도 어머니 자신의 경험과 갖고 있는 생각을 있는 그대로 말해주자. 아이들은 여자가 아이를 낳는다는 사실은 일찍부터 알고 있지만, 주변에 아이를 낳아 기르는 사람들이 없으면 현실로 인식하지 못한다. 그래서 "나는 아이를 다루는 게 서투르니까 아이를 낳지 않을 거야"라는 말을 하기도 한다. 그럴 때 어머니의 출산 경험은 힘을 발휘한다.

어머니도 출산하기 전에는 아기를 돌본 경험이 없었다는 것, 그래서 아이는 다루기 힘든 존재라고만 생각했다는 점, 하지만 막상 임신했다는 사실을 알게 되었을 때는 매우 기뻤다는 이야기 같은 것들이다. 아이를 낳아 키우는 것은 힘든 일이지만 그만큼 의미 있는 일이며 지금은 아이를 낳길 잘했다고 생각한다 등등의 이야기들을 진심을 담아 말해주는 것이다. 특히 너처럼 귀한 딸을 얻게 되어 얼마나 행복한지 모른다는 말을 들려주면 아이의 자존감은 더욱 높아질 것이다.

이 시대의 젊은 여성들은 결혼해서 자신의 가정을 꾸리는 것을 귀찮고 성가신 일로 생각하는 것 같다. 얻는 것보다 잃는 것이 많을 거라 여기며 주저하고 있는 듯도 하다. 그럴 때 "나는 내 가정을 꾸릴 수 있어서 행복했어"라는 어머니의 믿음직한 한마디가 큰 힘이 되지 않을까 싶다.

일과 사회생활에 대해서도 가능하면 많은 이야기를 나누자. 앞으로는 여자들이 밖에서 일하는 것이 당연한 사회가 될 것이다, 그때를 대비해서 경쟁력 있는 능력이나 기술을 갈고닦는 것이 필요하다, 앞으로 어떤 일을 할지 생각하고 미리 착실하게 준비해야 한다…… 등등의 이야기를 충분히 들려주자.

또한 과거와 비교할 때 여자들이 선택할 수 있는 일들이 많아졌고, 불합리한 남녀 차별도 많이 사라졌다는 것, 회사에 따라 다르겠지만 육아와 회사 생활을 병행하는 것이 점점 쉬워지고 있다는 점 등의 세부적인 이야기까지도 꼭 알려주기 바란다.

가사를 통해 가르치는 '엄마로서의 행복'
: 집안일은 고단하지만 값진 기쁨이라는 것을 알게 한다

어머니의 요리는 애정을 전하는 도구

어머니가 딸에게 알려줘야 할 것들 중에 '가사'도 빼놓을 수 없다. 단순히 집안일하는 방법을 가르쳐주는 것뿐만 아니라, 거기에 담겨 있는 의미나 보람에 대해서도 말해주자.

물론 가사가 여성만의 일이라는 의미는 아니다. 요즘은 일하는 여성들이 많으므로 남자들이 가사 분담에 동참해야 한다고 생각한다. 실제로 나 역시 쉬는 날에는 집안일을 돕고 있다. 젊은 여성들이 결혼하고 싶어 하는 남자 1위가 '요리 잘하는 남자'라는 이야기를 들은 적도 있다. 앞으로는 부부가 가사를 분담해서 가정을 꾸리는 것이 당연해질 것이다.

단, 똑같이 요리를 하더라도 남자와 여자에게 그 의미는 전혀 다르다. 남자는 어쩌다 음식 조리대 앞에 서면 왠지 요리에 엄청나게 공을

들이고 싶어진다. 그래서 일반 요리에 잘 쓰이지 않는 특이한 향신료를 잔뜩 사들이는 경우도 있다. 나도 독신으로 지낼 때 국물용 다시마를 사기 위해 유명한 다시마 산지까지 원정을 간 적이 있다. 남자들은 '최고의 요리를 만들어 보이겠어!'라는 생각으로 요리를 한다.

그러나 여자는 다르다. 여자에게 '요리'란 타인과의 소통 수단이다. 여럿이 외출이라도 하면 으레 먹을 것을 나눠 먹는 것이 여자들이다. 또 모여서 하는 점심 식사를 좋아한다. 그리고 여자들은 요리를 통해 가족에 대한 애정을 표현하고, 마음을 나눈다.

뿐만 아니라 가족들의 몸 상태를 세심히 파악해서 몸에 좋은 음식들을 준비한다. 누가 어떤 음식을 좋아하는지 기억하고 있다가 특별한 날에 그 음식들을 만들어낸다. 많은 어머니들이 가족의 건강한 모습과 웃는 얼굴을 보고 싶다는 마음 하나로 매일매일 주방에서 분주하게 움직이고 있다.

주부들에게 여행을 가면 가장 좋은 것이 무엇이냐고 물었을 때 모두 입을 모아 '손 하나 까딱 않고 편히 지낼 수 있는 것'이 제일 좋다고 대답한다. 사실 끼니마다 꼬박꼬박 가족들의 식사를 차려내는 일이 쉽지만은 않다.

분명 그만큼 고되고 힘든 일이지만, 그로 인해 느끼는 기쁨이나 행복도 그에 못지않게 크다는 사실을 사춘기 딸에게 가르쳐주자.

작은 것에도 행복을 느낄 줄 아는 어머니의 마음도 전해준다

'언제 행복을 느끼냐?'는 질문에 많은 어머니들이 '빨래를 널 때'라고 대답한다. 남편의 커다란 와이셔츠부터 아이의 조그마한 양말까지, 온 가족의 빨래가 마치 만국기처럼 빨랫줄에 걸려 펄럭이는 모습을 보면 이루 말할 수 없이 행복하다는 것이다. 빨래를 너는 행동은 '여기가 우리 집이에요'라고 만천하에 대고 선언하는 것일지도 모른다.

그런 소소한 행복들도 딸에게 알려주자. 말로 하는 것도 좋지만 집안일을 하면서 행복해하는 모습을 직접 보여줄 수 있으면 더 좋다. 그런 어머니의 모습을 보며 딸이 '나도 나중에 저런 엄마가 되어야지'라고 생각한다면 성공한 것이다.

가족 중 누구 한 사람도 빠짐없이 신경 쓰고 걱정하면서 집안일을 꾸려나가는 어머니들을 보면 정말 대단하다는 생각이 든다. 어머니들은 가족들이 눈앞에 없을 때에도 '지금쯤 배가 고프지는 않으려나', '춥지는 않을까' 하며 걱정한다. 남자들에게는 없는 놀라운 상상력이다.

'여름학교'는 '하나마루 학습회'의 가장 큰 행사 중 하나로, 아이들이 대자연 속에서 마음껏 뛰어놀 수 있게 하자는 취지에서 진행하고 있는 프로그램이다.

여름방학 전에 어머니들을 모아놓고 설명회를 여는데 한번은 이런 일이 있었다. 여름학교에 담긴 교육 이념을 설명한 후 어머니들의 질문을 받는 시간이 이어졌다. 그때 나온 첫 질문이 "긴소매 옷을 입혀야 할까요?"였다. 열정을 기울여 이념이니 교육이니 일장 연설을 늘어놓은 직후였던 나는 맥이 빠졌다.

그러나 이내 그런 점이야말로 어머니의 위대함이라는 것을 깨달았다. 어머니들에게는 다른 무엇보다 우리 아이가 춥지는 않을까, 감기에 걸리지나 않을까 하는 점이 가장 신경 쓰이는 것이다. 추상적인 이념에만 사로잡혀 있던 내 눈이 말 그대로 번쩍 뜨였다.

아이를 걱정하는 것은 어머니의 본능이다. 그리고 그런 어머니의 걱정과 관심 속에 자란 아이는 어머니에게 그만큼의 애정으로 보답한다. 그것이 바로 '어머니로서의 행복'이라는 사실을 딸에게 가르쳐줄 수 있다면 평생 사이좋은 모녀 사이로 지내는 것은 물론 손자 손녀의 양육도 힘을 합쳐 함께할 수 있을 것이다.

'홀로서기 선언'은
어머니에게도 힘든 순간이다
: 그럼에도 불구하고 해야만 하는 이유

아이를 그냥 내버려둘 수 있는 용기를 발휘하라

아이가 눈앞에서 보이지 않을 때도 아이 생각뿐인 어머니들에게 '홀로서기 선언'은 결코 쉽지 않은 과제임에 틀림없다.

무려 10개월 동안 직접 배 속에 품고 소중하게 키운 내 아이. 출산 후에도 매일같이 밤을 하얗게 지새우며 돌봤던 내 아이. 작은 성장의 징표에도 손뼉을 치며 기뻐하고, 아프거나 슬퍼할 때는 함께 눈물 흘리면서 키워온 내 아이. 그런데 사춘기라는 이유로 그토록 사랑하는 아이와 갑자기 거리를 두라니 감히 엄두가 나지 않을 것이다. 게다가 사춘기를 맞은 아이가 이런저런 고민들로 괴로워하는 모습을 보면 자기도 모르게 손을 내밀고 싶어지게 마련이다.

그렇더라도 굳게 마음먹고 사춘기를 기점으로 아이를 자립시켜야 한다. 그 성공 여부에 따라 아이의 미래는 물론 앞으로의 부모와 아이의 관계까지 결정된다. 역설적으로 들리겠지만, 사춘기 때 부모와 아이가 서로에게서 확실히 독립해야 비로소 자립적인 인간 대 인간으로 좋은 관계를 만들어갈 수 있다.

숙제는 다 했는지, 동아리 활동은 즐겁게 하고 있는지, 몸이 안 좋은 곳은 없는지 계속 신경이 쓰여도 참아야 한다. 어머니가 하나부터 열까지 꼬치꼬치 간섭하고 캐묻는 것은 이제 막 부모로부터 자립하려는 아이를 오히려 방해하는 일이다. 사춘기 아이들은 원래 비밀도 많고, 부모가 신경 쓰지 않아줬으면 하는 일도 많은 법이다. 그런 것을 일일이 묻고 간섭하면 오히려 어머니로부터 더 멀리 도망가고 싶어질 뿐이다.

부모가 아이를 놓지 못하는 것도 문제지만, 아이 스스로 자립할 생각이 없는 것 또한 심각한 문제다. 사춘기가 됐는데도 어머니의 보살핌을 당연한 것으로 생각하고 계속 의존하려는 아이는 결국 자립하지 못하고 '민폐형 인간'이 돼버린다.

아이가 사춘기가 되면 일찌감치 스스로 자신의 인생을 책임질 수 있게 해주자. '네 일에 대해서는 더 이상 간섭하지 않을 거야. 네 인생에 대한 책임은 너에게 있으니까 두슨 일이 생겨도 스스로 해결하렴'이라는 일관되고 의연한 태도를 보이는 것이 중요하다.

잘할 수 있다는 어머니의 믿음이 아이를 자립하게 한다

아이들은 성장 과정에서 온갖 괴롭고 힘든 일들을 경험한다. 그리고 그 경험들이 아이를 성장시키는 자양분이 된다. 아이들이 사춘기가 되었을 때 더 이상 부모가 아이에게 간섭하지 말아야 할 이유가 바로 거기에 있다. 부모가 아이 일에 지나치게 간섭하는 것은 아이들이 성장할 수 있는 소중한 기회를 빼앗는 것이나 다름없다.

아이들의 교우 관계에 간섭하는 것도 절대 금물이다. 상담을 하다 보면 아이가 어울리는 친구들 때문에 걱정이라는 부모들이 많다. 문제아까지는 아니지만 공부를 소홀히 하는 친구들과 어울려 다니는 것이 걱정되어 견딜 수가 없는 모양이다. "어울리지 말라고 말하는 게 좋을까요?"라고 묻는 어머니들에게 나는 "어머니가 아이의 친구를 선택할 수는 없습니다"라거나 "어머니가 간섭할 여지는 없습니다"라고 조언한다.

사춘기 이후, 특히 아이가 중학교에 입학하고 나서 어울리는 친구들은 아이의 인격이 완성된 후 스스로 선택한 친구들이다. 그런데 그 선택을 부모가 부정하면 아이는 자존심에 상처를 받는다. 게다가 지금은 부모나 가족보다 그 친구들과 더 마음을 터놓고 있다. 계속 걱정된다면 어울리지 말라고 말해볼 수도 있겠지만 틀림없이 강하게 반발할 것이다.

아이가 걱정돼서 견딜 수 없더라도 더 이상 간섭하지 말자. 사춘기 아이의 홀로서기는 어머니에게도 결코 쉽지 않은 부분이다. 그러나 아이의 미래를 위해서는 아무리 괴로워도 극복해야 한다.

이제까지 쌓아온 아이와의 관계를 생각하며 아이를 믿어라. 이제까지 아이에게 쏟아온 애정이 아이를 좋은 방향으로 이끌어줄 것이라는 사실을 믿어라.

그리고 이제는 아이가 아닌 어머니 자신의 인생을 위해 자녀 양육이 아닌 또 다른 세계로 과감하게 시선을 돌려야 할 때이다.

덧붙이고 싶은 글 ❸

사춘기 아들 VS 어머니

　어머니에게 남자아이는 좀처럼 이해할 수 없는 미지의 존재다. 아이가 어릴 때는 도대체 왜 그런 짓을 하는지, 도통 알 수 없는 일들을 저지르고 다녀서 그렇다. 그리고 사춘기가 되면 말수까지 줄어들어 점점 더 그 속을 알 수 없게 된다.

　그러나 한편으로는 귀여워서 깨물어주고 싶을 만큼 순수한 면을 가진 것이 남자아이들이다. 그래서 아들이 사춘기가 되어도 어머니들은 쉽게 아이를 놓아주지 못하고 곁을 맴돈다.

　그러나 이 책에서도 여러 차례 강조했듯이 사춘기 아들의 성장 과정에서 어머니가 할 수 있는 역할은 거의 없다. 오히려 아들과 거리를 두는 것이 아들의 성장을 돕는 일이므로, 아들이 사춘기가 되면 미련 없이 아버지나 '가정 밖의 스승'에게 맡기는 것이 좋다. 그래도 아들은 여전히 어머니를 사랑하고, 어머니의 웃는 얼굴을 보기 위해 최선을 다한다. 그동안 쌓아온 유대 관계가 사라질 일은 절대 없다.

하지만 그런 어머니들에게도 사춘기 아들에게 꼭 해주어야 할 중요한 역할이 하나 있다. 바로 규칙적으로 생활할 수 있게 도와주는 것이다. 특히 아침에는 무슨 일이 있어도 깨워주자. 생활 리듬이 한번 무너지면 습관화되기 쉽고, 인생 자체가 엉망이 되어버릴 가능성이 높다. 게으른 습관이 몸에 배지 않도록 하는 것, 이 하나만 가르쳐도 충분하다.

아버지,
지금 당신은 잘하고 있습니까?

집에서도 사회생활을 하라!
온마음을 다해 아내를 도우라!
이런 당신이 최고의 아버지다

집 밖에서만큼은 영웅인 아버지들
: 그런데 집 안에서는 왜 그럴까?

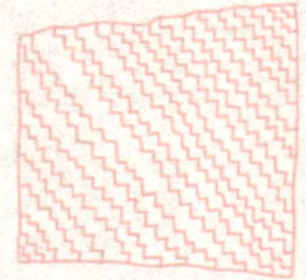

'집 안에서'와 '집 밖에서' 완전히 다른 아버지

'언제나 텔레비전을 보면서 뒹굴뒹굴하는 사람' 혹은 '일요일 아침 늦게까지 일어나지 않는 사람'.

많은 아이들이 아버지에 대해 이런 이미지를 가지고 있다. 매일 함께 생활하면서 보살펴주는 어머니의 위대함에 비하면, 아버지는 안타깝게도 벽에 걸린 그림 정도의 존재감밖에 갖고 있지 못한 것 같다. 그러나 아이들이 갖고 있는 아버지의 이미지는 어디까지나 집 안에서의 모습에 지나지 않는다. 직장에서의 아버지는 누구보다 활기차게 일하고 있다는 사실을 아이들이 모를 뿐이다.

직장에서의 아버지는 그 어떤 영웅보다 빛난다. 매일같이 계속되는 야근쯤은 아무것도 아니다. 상사나 거래처에 고개를 조아리는 행동도 두렵지 않다. 물론 그 에너지의 원천은 다름 아닌 '가족'이다.

　남자는 결혼해서 아내가 생기면 결혼 전보다 더 의욕적으로 일한다. 아이가 태어나면 몸이 가루가 될 정도로 더 열심히 일한다. 아이의 행복을 위해서라면 무슨 일이든 할 수 있는 일벌레가 된다. 남자란 본래 그런 존재다. 남자들은 가족의 행복을 지키기 위해 밖에서 고군분투하는 스스로에게 자부심을 느낀다. 하지만 그런 자신에게 고마워하는 가족들의 마음이 느껴지지 않으면 이내 그 자부심을 잃고 만다.

　아내가 아이들 앞에서 아버지의 위신을 세워주어야 하는 것도 이 때문이다. 그래야만 아이들도 아버지를 따르고 존경하게 되며, 아버지는 그런 가족을 위해 얼마든지 힘을 낼 수 있기 때문이다.

　과거의 아버지들은 매일 아침 만원 버스에 시달리면서 직장으로 향하고, 가족을 사랑하는 마음 하나로 최선을 다해 돈을 버는 것만으로도 자신의 역할을 충분히 다했다. 그러나 요즘은 아버지의 역할도 크게 변했다. 아버지들에게 자녀 양육을 위한 좀 더 적극적인 역할들이 요구되고 있다.

가장 중요한 역할은 '아내를 돕는 것'

　그러나 정작 아버지들은 자신들의 역할이 어떻게 변했는지 잘 모르는 듯싶다. 아내가 자녀 양육으로 적지 않은 체력과 정신을 소모하고 있다는 것은 알지만, 구체적으로 자신이 무엇을 하면 좋을지 모르는 것이다. '어설프게 도와주려고 나섰다가 오히려 질책받는 것은 아닐까?' 많은 아버지들이 이런 고민에 빠져 있다.

물론 가사나 육아에 관련된 자질구레한 육체노동을 통해 돕는 것도 중요하다. 그러나 그 이상으로 아버지들이 노력해줬으면 하는 것이 어머니를 정신적으로 지지하는 것이다.

앞에서도 말했듯이 많은 어머니들이 자녀 양육에 고군분투하고 있다. 불안하고 초조한 마음은 날이 갈수록 심해진다. 또 인간관계가 서투른 어머니들은 다른 학부모들과의 교류에서도 스트레스를 받는다.

그러므로 아버지들이 해야 할 가장 중요한 역할은 어머니들이 정신적으로 건강해질 수 있도록 뒤에서 도와주는 일이다. 어머니가 안정되면 웃는 얼굴로 아이를 대할 수 있으니 자녀 양육에 큰 힘이 된다. 그렇다면 구체적으로 어떤 방법이 좋을까?

아버지들에게 추천하는 가장 좋은 방법이 '아내의 이야기를 공감하면서 듣는 것'이다. 하지만 아버지들에게는 영 쉽지 않은 일 같다. 회사에서 하루 종일 일하고 녹초가 되어 돌아와서도 애써 마음을 내어 아내와 대화를 나누려는데 도무지 요점이 없다. 이내 '또 쓸데없는 소리 하고 있네', '하고 싶은 말이 뭐야?'라는 생각이 들어 한 귀로 흘리거나 결국 짜증을 내면서 대화를 중단하는 아버지들이 많다.

그런 아버지들을 위해 '아내의 이야기를 공감하면서 듣는 세 가지 요령'을 소개한다. 아무리 바쁘고 마음이 내키지 않더라도 꼭 실천으로 옮겨주었으면 한다.

• 아내의 이야기를 공감하면서 듣는 세 가지 요령

1. 이야기를 들을 때는 '그러네'라고 고개를 끄덕인다.

2. "오늘 정말 힘들었어"라고 아내가 말하면, "그래 정말 힘들었겠네. 수고했어"라고 아내가 한 말을 살짝 바꾸거나 보태서 반복한다.

3. 매일 "당신이 언제나 노력하고 있다는 거 알고 있어. 고마워" 하며 아내의 노고를 치하하고 위로한다.

아버지들이 이 세 가지만 해주어도 어머니들은 마음의 상처를 치유받을 수 있다. 평소 이런 의사소통에 능숙한 아버지라면 '그건 당연한 일 아냐? 정말 이걸로 충분해?'라고 의문을 품을지도 모르지만, 단언컨대 이 세 가지로도 충분하다.

대부분의 아버지들은 이런 식의 의사소통에 익숙지 않다. 그래서 '아버지 학교'에서는 일단 '맞장구치기' 연습부터 시작한다. 본인은 한다고 하는데 머리는 전혀 움직이지 않는 경우가 대부분이다.

어머니들의 바람은 자신이 매일 혼자서 힘들게 아이를 키우고 있다는 것을 남편이 알아주고 공감해주는 것이다. 그런데 아버지들은 그런 어머니들에게 뭔가 유익한 조언이나 명쾌한 해결책을 제시해주지 않으면 안 된다고 생각한다. 바로 그 지점에서 부부의 대화가 어긋나는 것이다. 안타깝게도!

'아내 사랑 10계명'을 만들어보는 것도 좋다

한 가지 걱정스러운 것은 아내의 고생과 수고를 정말 모르는 아버지들도 있다는 점이다. 집안일이나 육아는 쉬는 날이 없다. 일요일이라고 해서 아버지들처럼 뒹굴뒹굴하고 있을 수도 없다. 그런 부분을 전혀 실감하지 못하는 아버지들이 적지 않다.

물론 휴일에 쉬고 싶은 아버지들의 마음은 이해한다. 아내의 성가신 이야기를 듣고 싶지 않을 정도로 피곤한 것도 잘 알고 있다. 그러나 아무리 그렇더라도 아내의 푸념을 한 귀로 듣고 한 귀로 흘려버리면 곤란하다. 한마디라도 좋으니 아내를 위로하고 격려하는 말을 건네는 것을 습관화하기 바란다.

어머니들은 아무리 피곤해도 남편에게서 "오늘도 수고했어"라거나 "요즘 피곤하지 않아? 가끔은 쉬는 게 어때?" 같은 말을 듣는 것만으로 기운이 난다고 한다. 별거 아닌 말 같지만 표현하는 것과 표현하지 않는 것에는 큰 차이가 있다.

남자들은 오히려 회사에서는 일종의 노하우로서 이런 전략들을 실천한다. 그런데 아내에게는 그렇지 못하다. 왜냐하면 남자들은 결혼과 동시에 아내를 어머니 대신으로 생각하기 때문이다. 어머니가 그랬던 것처럼 아내 또한 굳이 말로 하지 않아도 다 알아줄 것이라고 생각한다.

아내를 사랑하는 마음이 변한 것은 분명 아니다. 그러나 지금처럼 아내를 배려하지 않는 상황이 계속되면 아내는 남편이 더 이상 자신을 사랑하지 않는다고 생각한다.

'오늘은 그러지 말아야지'라고 굳게 마음먹어도 바쁜 회사 일에 지쳐 쉽게 잊어버리는 경우가 많다. 그럴 때는 '아내 사랑 10계명'을 직접 만들어보는 것도 좋다. 이를 위해서 내가 준비한 항목들을 편하게 이야기해보려 한다. 이 항목들 중에서 자신의 상황에 맞는 것을 골라 10계명으로 정해보는 것도 하나의 방법이니까.

1. 아내의 이야기가 조금 오버하는 것처럼 느껴지더라도 고개를 끄덕이며 듣기
2. 아내에게 매일매일 "오늘 하루 수고했다"는 인사 건네기
3. 식사가 끝나면 항상 "정말 맛있었다"고 말해주기
4. 휴일이나 일요일에는 화장실 청소 같은 힘든 일 대신하기
5. 출장 선물은 절대 잊지 말기
6. 아내의 헤어스타일이 바뀌면 말로 칭찬하기
7. "그런 옷도 있었어? 잘 어울리네"와 같이 복장에 대해 언급하기
8. 아내의 취미 생활 지원하기
9. 작은 일에도 '고맙다'고 꼭 말하기
10. 다른 학부모들과의 대화 혹은 수다를 환영하기

11. 친정어머니와 이야기할 시간을 정기적으로 만들어주기

12. 아내가 자유롭게 보낼 수 있는 휴일을 제안하며 아이 돌
    보기

13. 아내와 둘만의 시간 갖기

위에서 내가 제시한 것처럼 가능한 한 구체적으로 쓴다. 그리고 작성한 내용을 벽이나 수첩에 붙여놓고 실천한 항목들을 체크해보자. 체크 표시가 많아질수록 아내의 얼굴도 점점 더 밝아질 것이다. 처음부터 실천 항목을 많이 만들기보다는 꾸준히 할 수 있는 것들부터 조금씩 차례대로 실천에 옮기는 것도 한 방법이다.

가사나 육아에 관련된 자질구레한 육체노동을 통해
돕는 것도 중요하다. 그러나 그 이상으로 아버지들이
노력해줬으면 하는 것이 어머니를 정신적으로
지지하는 것이다. 어머니들이 정신적으로
건강해질 수 있도록 뒤에서 도와주는 일이다.
어머니가 안정되면 웃는 얼굴로 아이를 대할 수 있으니
자녀 양육에 큰 힘이 된다.

아버지들의 특기인
놀이를 활용하라
: 잘 놀아주는 아버지야말로 인기 만점이다

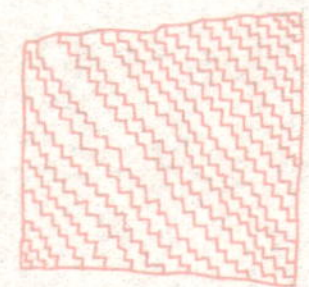

유년기 아이들과는 최선을 다해 놀아주어야 한다

자녀 양육의 여러 영역 중에서 어머니보다 아버지에게 더 특화된 몇 안 되는 항목 중 하나가 바로 '놀이'다. 몸을 사용해서 함께 놀아주는 것은 아무래도 어머니보다는 아버지가 낫다. 남자가 상대적으로 체력도 좋고, 장난기도 많기 때문이다.

남녀를 불문하고 아이가 어릴 때는 아버지가 아이와 많이 놀아주는 것이 중요하다. 골프는 아이가 자란 후에 해도 늦지 않다. 거창하게 놀이공원에 데려갈 것도 없이 집 근처 공원이면 충분하다.

하지만 그냥 데려가기만 해서는 안 된다. 함께 간 이상 최선을 다해 놀아주자. 요즘엔 아이 혼자 놀게 하고, 자신은 벤치에 앉아 스마트폰을 들여다보는 아버지들도 있는데, 왠지 한심하다는 생각이 든다. 아이가 부모와 놀아주는 시간은 매우 짧다는 사실을 명심하고, 기회 있을 때 최선을 다해 놀자.

한편 아이와 무엇을 하며 놀아야 좋을지 모르겠다는 아버지들도 있다. 자신이 어렸을 때 아버지와 놀아본 경험이 없거나 적은 아버지들 중에 그런 사람들이 많다.

그런 사람일수록 의식적으로라도 아이와 많이 놀아주려고 노력해야 한다. 어릴 때 아버지와 충분히 놀았는지의 여부가 이후 아이의 정신적 성장에 큰 영향을 미치기 때문이다. 어릴 때 아버지와 충분한 시간을 갖지 못한 아이일수록 사춘기 때 문제를 일으킬 가능성이 높다.

그렇다고 특별한 것을 해주어야 한다고 생각할 필요는 없다. 누구나 알고 있는 술래잡기 정도면 충분하다. 아이들은 참 재미있다. 넓은 장소에 가면 이내 달려 나가고, 누가 자신을 쫓거나 '출발!' 소리가 들리면 신이 나서 뛰어다닌다. 아이라면 누구나 남녀 불문하고 달리기를 좋아하므로 술래잡기 정도로도 충분히 즐겁게 놀 수 있다.

남자아이라면 괴물놀이도 좋다. 기왕에 하는 놀이라면 아이가 눈물을 흘릴 정도로 무서운 괴물이 되어주자. 최근에는 바쁜 아버지 대신 어머니가 괴물 흉내를 내며 놀아주는 장면을 종종 볼 수 있는데 그런 상냥하고 예쁜 괴물은 분명 아이의 성에 차지 않을 것이다. 역시 덩치도 크고 목소리도 큰 아버지가 괴물이 되어 아이와 같이 놀아주는 것이 좋다.

남자아이들은 '죽어라' 같은 거친 말을 쓰기 좋아하고, 덜컥, 으악,

쿵 같은 소리를 내면서 떠들썩하게 노는 것을 좋아한다. 그런 아이를 보고 어머니들은 눈살을 찡그리겠지만, 아버지들은 이해하고 함께 놀아줄 수 있다. 아버지들 역시 그런 과격함과 스릴을 즐기는 남자이기 때문이다.

아이와 최선을 다해 놀아주는 아버지 밑에서 자란 아이가 역시 아이와 잘 놀아주는 좋은 아버지가 된다는 것. 이것만큼은 새겨둘 것을 권하고 싶다.

아이가 즐거우면 아내는 덩달아 즐거워진다

아이와 아버지가 같은 취미를 갖는 것도 좋은 방법이다. 예전에 기차 마니아인 아버지와 함께 기차를 타고 전국 일주를 한 학생이 있었다. 얼마 전 훌륭한 청년으로 자란 그 아이를 우연히 만날 기회가 있었는데, "아버지와의 추억을 꼽으라면 단연 기차 여행이지요"라며 말하는 것이었다.

바둑이나 트럼프 같은 두뇌 게임도 아버지들의 특기 중 하나다. 남자아이, 여자아이 가릴 것 없이 함께 즐길 수 있으면 가장 좋다.

"우리 아이는 여자애인데 어떻게 놀아줘야 할지 모르겠어요"라고 고민하는 아버지들도 있다. 여자아이는 사람들과 어울리는 것을 좋아하므로, 자신이 먼저 아버지에게 액션을 취하는 경우가 많다. "차 드세요" 하며 소꿉놀이용 컵을 가지고 오거나, 눈싸움을 하자며 무릎에 기어오를 때 자연스럽게 받아주면 된다. 물론 여자아이들은 함께 수다를 떠는 것도 좋아한다.

아버지가 아이와 잘 놀아주면 아이뿐만 아니라 어머니에게도 기쁜 일이다. 어머니는 아이가 아버지와 노는 것을 얼마나 좋아하는지 잘 알고 있다. 그런 아이를 데리고 아버지가 휴일에 밖으로 놀러 나가면 그것만큼 기쁘고 반가운 일이 없다. 그동안 어머니도 잠시나마 쉴 수 있고, 남편과 함께 자녀 양육을 하고 있다는 사실에 만족감을 느낀다.

저녁에 아이가 돌아와서 "오늘 즐거웠어. 아빠가 이런 것도 해줬어" 하며 이야기해줄 때 어머니는 행복해진다. 그리고 '내일부터 다시 힘내자!'라고 마음을 다잡는 것이다.

아이를 현명하게 혼내는 방법
: 어설픈 야단은 금물, 혼을 낼 때는 진심으로!

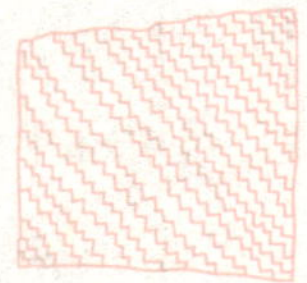

필요할 때 따끔하게 꾸짖을 수 있는 아버지가 되자

요즘 아버지들은 아이를 혼내는 일에 서투른 것 같다. 상냥한 아버지들이 많아지고, 예전처럼 걸핏하면 버럭 야단치는 아버지들은 거의 볼 수 없게 됐다. 아이에게 아버지는 더 이상 무서운 존재가 아니다. 이 또한 제1장에서 언급했던 성의 차이나 성적 역할이 애매해진 오늘날의 사회 풍조와 관계가 있을 것이다.

예전 아버지들은 아이들에게 '넘을 수 없는 벽'처럼 버티고 서 있는 존재였다. 평소에는 조용하지만 화가 나면 저러다 확 달려드는 게 아닐까 싶을 정도로 위엄과 권위가 있었다. 그래서 아이들은 아버지를 존경하고 따랐던 면도 있다.

엄하게 버티고 선 아버지의 모습은 그대로 '사회의 엄격함'을 대표했다. 그래서 아이들은 성장해서 사회에 나온 후에도 인간 세상의 숱한 엄격함을 견뎌낼 수 있었다. 그리고 언젠가는 아버지라는 '벽'을 넘고 싶다는 마음으로 분발했다.

요즘은 아이를 불합리하게 혼내는 경우가 많지 않은 것 같다. 그러나 아이를 혼내야 할 때조차 제대로 아이를 꾸짖지 못하는 아버지들이 있다. 나는 정말 필요할 때는 따끔하게 불호령을 내리는 것도 중요하다고 생각한다.

요즘 아버지들은 왜 아이들을 제대로 꾸짖지 못하는 것일까? 아마 상냥함을 선호하는 사회 분위기의 영향을 받은 게 아닐까 싶다. 아이를 이해하는 부모, 친구 같은 부모가 바람직한 부모의 전형처럼 여겨진 지 오래다. 더구나 요즘 젊은 아버지들은 본인 스스로도 부모님으로부터 크게 혼나지 않고 자랐을 것이다. 그런 경험이 없기 때문에 아이를 혼내는 방법을 잘 몰라 주저한다.

물론 상냥함이 나쁜 것은 아니다. 그러나 혼나지 않고 자란 아이는 좋고 나쁨을 구별하는 데 약하고 스트레스에 대한 내성이 부족하다. 혼나는 것에 익숙해지지 않은 채 어른이 되면, 직장 상사에게 주의를 조금 받는 것만으로도 금세 풀이 죽고 자기 의견을 제대로 표현하지 못한다.

아이를 꾸짖지 않는 아버지들의 마음속에는 아이에게 미움 받고 싶지 않다는 생각도 있는 것 같다. "트라우마가 될 수 있으니까 혼내지 말아요"라고 말리는 어머니도 있다.

그러나 평소 아버지의 애정을 충분히 느끼고, 아버지에 대한 믿음을 가지고 있는 아이는 조금 혼난 것 정도로 아버지를 싫어하거나 트라우마가 생기지 않는다. 아이 스스로 납득할 만한 이유가 있다면 불호령을 내리는 아버지를 오히려 더 존경하게 될 것이 틀림없다.

학원 학생들을 보아도 "어릴 때 아버지가 무서웠다"는 아이들일수록 제대로 된 어른으로 자란 경우가 많다.

혼낼 때도 힘 조절이 필요하다

아이를 혼낼 때는 부부가 역할 분담을 하는 것이 가장 좋다. 그런데 요즘은 그렇지 않은 가정이 많다. 아버지와 어머니가 똑같이 지루하게 같은 말을 반복하며 잔소리를 늘어놓는 것은 별 효과가 없다. 언제, 누가, 어떻게 아이를 혼낼지 부부가 머리를 맞대고 미리 정해두는 것이 좋다.

일상의 자질구레한 일로 아이에게 잔소리하는 것은 어머니가 맡고, 그런 어머니를 아버지가 적당히 말려준다. 그리고 이건 정말 아니다 싶을 때는 아버지가 '버럭' 불호령을 내린다. 이런 식으로 아이를 혼낼 때도 강약, 즉 힘 조절이 필요하다.

아들을 둔 아버지에게는 또 하나의 역할이 추가된다. 어머니에게 남자아이를 혼내야 할 때와 그렇지 않을 때를 구별해서 알려주는 것이다.

　어머니에게 남자아이는 미지의 세계다. 특히 첫아이가 딸이고 그다음이 아들일 때는 "딸아이는 한 번 말하면 바로 알아듣는데 얘는 도대체 왜 이런 거야!"라고 여자아이와 비교하면서 자기도 모르게 잔소리를 늘어놓는다. 남자아이는 위험한 것을 좋아하고, 승패에 집착하고, 쉽게 주눅 드는 특징이 있다. 그런 남자아이의 특징을 어머니가 이해하지 못하면 일일이 지적하고 화를 낸다.

　그럴 때 아버지가 "남자아이는 원래 그래. 혼낼 일도 아니야"라고 조언해주자.

　어머니는 아들이 밖에서 싸우거나 다쳐서 돌아오면 바로 상대 아이의 부모나 유치원, 학교에 연락해서 '사건화'하려는 경향이 있다. 그럴 때도 아버지가 "남자아이들은 싸우면서 친구가 되는 법이야"라고 어머니를 진정시켜주자. 아버지가 이 역할을 제대로 하지 못하면 그 아들은 싸움도 못하는 나약한 아이가 될 것이다.

일하는 아버지의 모습을 보여주자
: 아버지에 대한 존경심을 갖게 하는 좋은 방법

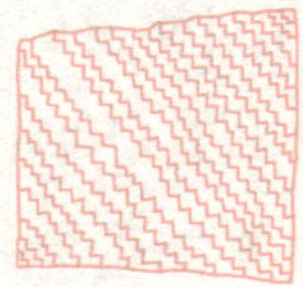

일이나 취미에 열중하는 모습은 아름답다

아이에게 부모가 진지하게 무언가에 몰입하는 모습을 보여주는 것은 매우 중요하다. 아이는 부모의 그런 모습을 마음에 깊이 새기며 자기도 부모처럼 되기 위해 노력해야겠다는 생각을 갖는다. 가장 권하고 싶은 방법은 일생에 단 한 번이라도 좋으니 부모가 직장에서 일하는 모습을 아이에게 보여주는 것이다. 가능하면 아이가 초등학생일 때 그런 기회를 갖는 것이 좋다.

자영업자인 부모나 전업주부라면 일이나 가사에 최선을 다하는 모습을 매일같이 아이에게 보여줄 수 있지만, 그렇지 않은 사람은 일부러라도 그런 기회를 만들어야 한다. 특히 아침이면 집을 나서는 아버지 같은 존재 말이다.

과거에는 그런 기회가 별로 없었던 것이 사실이다. 그러나 최근에는 외국계 회사나 벤처 기업, 일부 국내 기업에서 아이들을 부모의 직장에 초대해 견학하게 하는 이벤트를 진행하고 있다는데 바람직한 현상이 아닐 수 없다.

부모가 취미 생활에 몰두하거나 진심으로 즐기는 모습도 아이에게 보여주면 좋다. '지금 말을 걸면 혼날까?'라는 생각이 들 만큼 무언가에 집중해 있는 부모의 모습은 아이에게 좋은 영향을 미친다.

그러나 실제로 대부분의 아버지들이 아이에게 보여주는 모습은 언제나 느긋하게 힘을 빼고 있는 휴일의 모습이다. 아이에게 자신이 가장 빛나고 있을 때의 멋진 모습을 보여줌으로써, '언제나 텔레비전을 보면서 뒹굴뒹굴하는 사람'이라는 이미지에서 벗어나자.

한 학생의 아버지는 트라이애슬론이 취미였는데 대회 때는 꼭 가족들을 불렀다. 온 가족이 아버지를 응원하면서 가족의 결속력을 다질 수 있는 좋은 방법이다.

또 다른 아버지는 매년 열리는 지역 축제에 가마꾼으로 참여한다. 무거운 가마를 전혀 힘든 기색 없이 번쩍 들어 올리는 멋진 모습을 보여줄 수 있는 절호의 기회이기 때문이다. 물론 아이도 함께 참여할 수 있다면 더 좋다.

어느 지역이든 이런 축제와 이벤트가 있을 것이다. 최근에는 점차 사라져가는 지역 사회의 유대를 회복하기 위해 의식적으로 분위기를 고조시키며 참여를 장려하기도 한다. 기회가 있다면 꼭 참가해서 아이에게 아버지의 멋진 모습을 보여주자. 그런 아버지를 보고 어머니도 새삼 반할지 모를 일이다.

'남자들의 유대'를 배울 수 있는 '아버지 모임'

요즘 교육 현장에서는 '아버지 모임'이 유행이다. 구체적인 내용이나 형태는 각각 다르지만, 뜻있는 아버지들이 모여 가벼운 술자리를 갖거나 밴드 같은 취미 생활을 하거나, 온 가족이 즐길 수 있는 이벤트를 열기도 한다.

이런 모임에 참가해서 활동하는 것도 아버지의 멋진 모습을 보여줄 수 있는 좋은 방법이다. 특히 남자아이라면 그 안에서 '남자들의 유대'란 어떤 것인지 피부로 느낄 수 있다.

지인의 아이가 다니고 있는 유치원에선 1년에 네댓 번, 주말 저녁 유치원 건물에서 '아버지 모임' 주최의 파티가 열린다고 한다. 그날은 아버지들이 직접 불을 피우고 요리를 만들어 어머니와 아이들에게 대접한다.

어머니들은 편하게 수다와 음식을 즐기고, 아이들은 어른들 주변을 뛰어다니며 자기들끼리 어울려 논다. 이런 시간을 통해 아이들은 일상을 벗어나 즐기는 법을 배우면서, 기꺼운 마음으로 요리하는 아버지의 또다른 모습을 마음에 새길 수 있다.

아버지 모임은 아버지들끼리 친구를 만들기에도 좋은 기회다. 아버지들은 이런 기회라도 없으면 좀처럼 다른 사람들과의 연결 고리를 만들지 못한다.

강연에서도 휴식 시간을 보내는 남녀의 방법은 극히 대조적이다. 어머니들의 경우 "어디서 오셨어요?" 묻고는 "우리 집도 남자아이예요"라며 첫 대면에서도 금방 말을 트는 데 반해, 아버지들은 거의 대부분 고개를 숙인 채 스마트폰만 만지작거린다. 의사소통 능력에 현격한 차이가 있는 것이다.

아무쪼록 아버지들은 지역 모임이나 아버지 모임 같은 기회를 놓치지 말고 잘 활용하기 바란다.

사춘기 아들은 아버지만 다룰 수 있다
: 남자 대 남자로 세상을 체험하게 하라

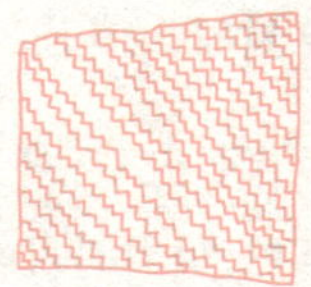

교육이 발달한 나라일수록 아버지의 역할이 크다

얼마 전에 우수하다고 평가받는 세계 각지의 교육을 조사한 적이 있다. 그때 알게 된 것 중 하나가 교육이 발달한 사회일수록 아버지와 아들의 연결 고리가 견고하다는 사실이었다. 유대인의 교육이 그 대표적인 예다. 아버지와 아들의 견고한 연결 고리를 통해 남자로서의 삶의 방식이나 사회의 냉혹함이 전승된다.

그런 관점에서 보면 일본의 부자(父子) 관계는 매우 약하다. 한국도 다르지 않을 것이다. 왜냐하면 아이에 관한 것은 모두 아내에게 맡기고, 남자는 회사에서 일만 열심히 하면 된다는 생각이 강하기 때문이다. 가족에게는 묵묵히 뒷모습을 보여주는 것으로 충분하다는 생각이 오랫동안 시대의 큰 흐름이었기 때문일 것이다.

그러나 요즘은 여성들도 집 밖으로 나와 활발하게 일한다. 친척이나 지역 사회와의 연대가 사라져서 방치해두면 어머니 혼자 육아를 떠맡게 된다. 육아에 대한 아버지의 역할이 갈수록 늘어나고 있다.

어머니만 있어도 아이는 자라지만, 사춘기 이후의 남자아이는 아버지가 맡는 것이 좋다. 일상생활은 여전히 어머니가 보살펴주더라도 아이의 내적 성장은 같은 남자인 아버지가 도와주어야 한다. 어머니는 절대 이해할 수 없는 것들이 많기 때문이다.

그러나 현실은 정반대다. "아이에 관해서는 내가 제일 잘 알지"라며 사춘기가 지난 아들을 혼자 떠안고 있는 어머니들이 많다. 그것은 이제 막 껍질을 깨고 밖으로 나오려는 아이를 방해하는 일이자, 아이가 '남자'로 성장하는 것을 방해하는 행위다.

왠지 남자아이는 아무리 나이를 먹어도 어머니가 없으면 안 될 것 같은 생각이 드는 모양인지, 딸은 마음대로 하라고 내버려두면서 아들은 안 되겠다며 감싸고도는 어머니들이 많다. 어머니들의 그런 태도가 제 몫을 못하고 이성과 건강하게 어울리지 못하는 '민폐형 인간'들을 양산해내고 있다는 것이 내 생각이다.

어머니와 아들의 지나친 유착 관계는 '어머니의 고독'과 관련이 있다. 물론 어머니의 그 고독한 마음을 어루만져주는 것 역시 아버지의 역할이라고 생각한다. 아들이 사춘기가 되면 아버지는 '이젠 내 차례'라고 마음을 다잡아야 한다.

기본적으로 남자는 약한 존재여서 배우지 않으면 강해질 수 없다.

그러면서도 자존심은 강하다. 아이의 자존심을 적절히 자극해가며 강하게 단련시키는 것이 남자아이 양육의 핵심이다. 이런 일을 할 수 있는 것은 역시 동성의 아버지뿐이다.

'홀로서기 선언' 이후에는 아버지에게 바통 터치

아버지가 어머니에게 아들의 양육을 이어받는 시점은 '홀로서기 선언'을 하는 첫날이 가장 좋다. 아버지 혼자 아들을 불러 "앞으로는 너를 한 사람의 남자로 대할 테니 무엇이든 아버지에게 상담해라"라고 말해도 좋고, 부모가 함께 아들을 불러 "어머니는 앞으로 더 이상 너에게 간섭하지 않기로 했다. 앞으로는 무슨 일이 생기면 아버지에게 말하렴. 아버지가 무엇이든 가르쳐줄 테니까"라고 말하는 것도 좋다.

'내가 무엇을 가르쳐줄 수 있을까?' 하는 걱정은 하지 말자. 아버지가 남자로서 살아온 인생을 있는 그대로 들려주면 된다. 멋있어 보이고 싶은 마음에 듣기 좋게 포장해서 말하는 것은 오히려 역효과를 낳는다. 사춘기 아들은 '진짜' 이야기를 듣고 싶어 한다. "공부해라" 또는 "남자는 이렇게 해야지" 같은 '원칙론'만 늘어놓는 것도 좋지 않다. 아이를 거북하게 만들 뿐이다.

아들이 듣고 싶은 것은 현실적인 경험담이다. 아버지로서의 고리타분한 설교가 아니라 같은 남자이자 인생 선배로서 온갖 시행착오를 겪으며 살아온 아버지의 이야기를 듣고 싶어 한다.

　예를 들어 자격증을 따라고 조언할 때도 갑자기 말하는 것보다 아버지의 경험담을 들려주고 나서 하는 것이 효과적이다. "아버지가 젊었을 때는 경기가 좋아서 금방 취직할 수 있었지만, 나중에 '뭔가 자격증을 가지고 있었으면 좋았을 텐데'라고 후회했단다. 너도 미리 자격증을 따두면 좋을 것 같은데……"라는 식으로 말이다. 그러면 아이도 아버지의 조언을 귀담아듣는다.

　대학생이 된 학생들에게 물어보면 사춘기에 들었던 아버지의 경험담이 깊게 마음에 새겨져 있다고 한다. 그것이야말로 경험과 진실의 힘이다.

어머니만 있어도 아이는 자라지만, 사춘기 이후의
남자아이는 아버지가 맡는 것이 좋다.
일상생활은 여전히 어머니가 보살펴주더라도
아이의 내적 성장은 같은 남자인 아버지가
도와주어야 한다. 어머니는
절대 이해할 수 없는 것들이 많기 때문이다.

아들과 단둘이 떠나는 여행
: 집 안에 있을 때와는 다른 유착 관계가 형성되는 기회

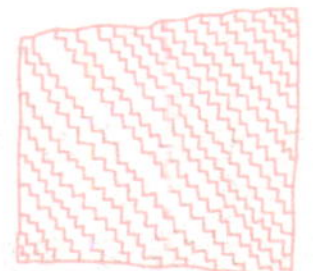

마주 보고 이야기할 수밖에 없는 상황을 만든다

사춘기 아들과 아버지의 대화가 중요함에도 불구하고 대부분의 부자들은 기본적으로 말이 많지 않다. 물론 개인적인 성격에 따라 다르지만 어머니와 딸의 조합과 비교할 때 압도적으로 대화가 적다. 게다가 어릴 때 말이 많았던 아이도 사춘기가 되면 눈에 띄게 말수가 줄어든다. 밖에서 친구들과 있을 때는 수다쟁이일지 몰라도 집에서는 과묵하다.

한편 아버지들은 자신의 경험담을 들려주라는 조언을 들어도 구체적으로 어떻게 해야 좋을지 모르는 경우가 많다. 자신의 일과 관련해서는 달변가인 사람도 정작 자기 자신에 대해 말하라면 서투른 것이 남자다.

그래서 아버지와 아들의 대화는 대개 "학교생활은 어떠냐?" 하는 일상적인 물음에 "그저 그래요!"라는 답변이 돌아오는 식으로 싱겁게 끝난다. 그렇다고 여자들처럼 수다에 열을 올릴 필요까지는 없지만, 그래도 연장자인 아버지가 좀 더 노력해서 내실 있는 대화를 이어나갈 수 있도록 해야 한다.

우선 중요한 것이 장소 설정이다. 내가 추천하는 것은 1박 2일 동안 아들과 함께 캠핑을 즐기며 대자연 속에서 인생에 대해 이야기를 나누는 방법이다. 부자가 집을 비운 동안 어머니도 푹 쉴 수 있기 때문에 그야말로 일석이조다.

집에서는 정면으로 마주 보며 대화를 나누기가 쉽지 않다. 아이들은 보통 텔레비전을 보거나 게임을 하고 있기 일쑤여서 "잠깐 이야기나 하자"라고 말을 걸어도 "이것만 하고요"라며 대꾸하는 바람에 이야기를 시작조차 하기 힘들다. 그러나 문명의 이기와 잠시 거리를 두고 일대일로 모닥불 앞에 마주 앉아 있으면 자연스레 이야기를 나누게 된다.

그때를 대비해 아들이 관심을 보일 만한 화제를 미리 준비하는 것도 중요하다. 아무래도 과거 이야기를 하다 보면 요즘 아이들이 잘 모르는 단어들이 나오게 마련이다. 이야기를 듣는데 알아들을 수 없는 말투성이라면 아이는 지루해할 수밖에 없다.

그럴 때는 아이가 쉽게 이해할 수 있는 요즘 이야기를 예로 들어가며 이야기한다. "아버지도 한때는 톱스타에게 빠져서 영웅시한 적이 있었지"라든가 "아버지가 처음으로 좋아했던 여자아이는 아이돌 그룹의 ○○와 비슷하게 생긴 아주 귀여운 아이였단다"라는 식으로 말이다. 그러면 아이도 아버지의 이야기를 더 생생하게 느낄 수 있고 "와, 그랬구나" 하며 흥미를 보일 것이다.

진심으로 이야기를 나누려고만 하면 남자들끼리도 얼마든지 다양한 화제로 대화를 나눌 수 있다. 아버지 쪽에서 먼저 아들에게 이런저런 말을 걸어보자.

부자간의 유대를 돈독히 하는 '부자 수학여행'

아버지와 아들이 여행을 떠나는 것도 추천하고 싶다. 단순히 재미를 위한 여행이 아니라 인생이나 사회에 대해 깊게 생각해보는 여행이 될 수 있으면 더 좋다. 이른바 '부자 수학여행'이다. 부자가 함께 의미 있는 장소를 방문하여 같은 테마에 대해 생각하고, 논의하고, 서로의 감상을 나누는 시간을 갖는 것이 바로 부자 수학여행이다.

한 아버지가 내 조언을 듣고 당시 초등학교 6학년이던 아들과 전쟁의 흔적을 잘 간직하고 있는 곳으로 부자 수학여행을 떠난 일이 있었다. 그곳의 역사 기념관에서 두 사람 모두 큰 충격을 받았다. 특히 20세 전후의 젊은 병사들이 출격 전날 밤 어머니에게 쓴 편지를 보고 두 사람은 할 말을 잊었다. 아버지와 아들의 침묵은 돌아오는 기차에서도 계속되었다.

아버지는 아무 말 없이 아들과 함께 기차의 움직임에 몸을 맡긴 채 보낸 그 시간이 이루 말할 수 없이 좋았다고 한다. 입 밖으로 말하지는 않았지만 마음속으로는 분명 같은 것을 생각하고 있다는 느낌을 받았다고 한다. 부자간의 거리도 한층 더 가까워진 것 같았다고 한다.

그저 가볍게 불쌍하다는 말로 끝내지 않고 충격과 갈등을 마음속에 되새기면서 말없이 보낸 그 시간은 분명 아이에게도 평생 잊지 못할 아버지와의 소중한 추억으로 남았을 것이다.

아이에게 뭔가 가르쳐줘야 한다는 부담을 가지지 않아도 된다. 이들 부자처럼 함께 같은 것을 보고 마음이 움직이는 것만으로도 아버지와 아들의 유대는 돈독해지고 평생에 남을 추억이 된다.

자신만의 언어로 인생철학을 들려주자
: 사춘기 남자아이들은 누구나 철학자가 되니까!

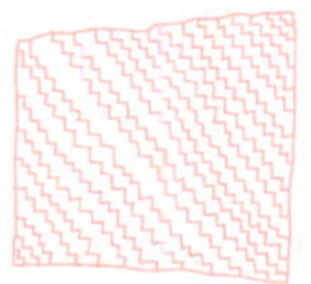

일을 한다는 것

남자아이들은 사춘기 때 철학자가 된다. '가족이 꼭 필요한가?', '일을 한다는 것은 어떤 의미인가?' 등 삶의 여러 가지 개념들을 철학적인 눈으로 보기 시작하는 것이다. 친구들과 그런 주제들을 가지고 토론에 열중하기도 한다.

부자 사이에 그런 철학적인 문답을 나눌 기회를 만드는 것 또한 아버지의 역할이다. 인간의 삶은 물론 정치, 경제, 국제 문제 등에 대해서도 다양한 대화를 나누어보자. 대화를 통해 논리적으로 말하는 능력도 길러줄 수 있다.

진짜 사회생활에 대해서도 가르쳐주자. 아버지가 구체적으로 어떤 일을 하고 있는지를 알려줘도 좋고, "오늘 이런 진상 손님이 있어서 아버지가 아주 힘들었단다. 하지만 일이란 게 원래 다 그런 법이야"라는 이야기를 들려줘도 좋다.

사춘기 아들은 같은 남자인 아버지를 비판적인 눈으로 바라보기 시작한다. '대단한 것처럼 말하지만 결국 회사에서 혹사당하는 인생이잖아'라고 생각하면서도 자신이 그런 사람에게 기대어 살고 있다는 사실은 짐짓 모른 체한다.

이는 아이가 아버지를 '삶의 본보기'로 삼기 시작했다는 의미이기도 하다. 아들은 아버지에게서 사회생활의 현실을 배우고 싶어 한다.

그럴 때 아들을 직장에 데려가는 것도 좋은 교육이 된다. 앞서 말했듯이 사춘기 아들에게 아버지의 일하는 모습을 보여주는 것은 매우 의미 있는 경험이 될 수 있기 때문이다.

일 관계로 알게 된 사람들과의 사적인 만남에 아이를 데려가는 것도 좋다. 그런 자리를 통해 아이는 자기 나름대로 직장 내 인간관계에 대해 배운다. '아버지도 상사에게는 굽실굽실하고 부하 직원 앞에서는 잘난 척하네' 하며 아버지를 관찰한다. 그렇다고 아버지를 경멸하거나 하지는 않는다. 오히려 '힘든 상황에서도 가족을 위해 노력하고 있구나' 하며 새삼 아버지에게 감사하는 마음을 갖는다.

요즘 젊은 사람들은 샐러리맨들을 바보 취급하는 경향이 있다. 지하철에서 한껏 웅크린 채 꾸벅꾸벅 졸고 있는 모습만 보기 때문이다. 나도 젊었을 때는 "샐러리맨은 절대 되지 않을 거야" 하며 공공연히 떠들고 다녔다.

그러던 어느 날 텔레비전 방송에 나온 한 강연자가 이렇게 말하는 것을 들었다. "샐러리맨이 되고 싶지 않다는 바보들이 있는데, 네놈들이 원하면 샐러리맨이 될 수 있을 것 같으냐?" 그 말을 듣는 순간 번쩍 눈이 뜨여 나 자신을 반성하게 됐다.

어설픈 인간들은 결코 샐러리맨이 될 수 없다. 그만큼 힘들고 어려운 일을 가족을 위해 묵묵히 해내고 있는 아버지의 멋진 모습을 아들에게 꼭 보여주자.

가족을 갖는다는 것

최근 독신 생활을 선호하는 사람들이 증가하고 있다. 가족은 번거롭고 성가시다는 생각에 혼자만의 자유를 선택하는 사람들이 늘고 있는 것이다. 그러나 대부분의 젊은이들이 아직도 '결혼과 독신, 어느 쪽이 더 행복할까?'라는 질문에 결론을 내지 못한 채 망설이고 있다.

각자의 생각이 다르겠지만, 나는 결혼해서 가정을 꾸리는 것이 더 행복하다고 생각한다. 물론 나도 한때는 싱글의 자유를 만끽했다. 그러나 일단 결혼해서 가족이 생기면 결혼 전으로 돌아가는 것은 상상도 할 수 없게 된다.

그렇다고 결혼 생활이 마냥 행복하기만 한 것은 아니다. 휴일에는 마치 하루 종일 형무소에 들어가 있는 것 같다.

"정원 손질 좀 해요."

"화장실 청소는 했어요?"

집안일을 시키는 아내의 잔소리가 끊이지 않는다. 어찌어찌 다 끝 낸 뒤 한숨 돌리려고 신문이라도 펴들면 "신문은 접어둬요"라는 아내 의 목소리가 날아든다. 그렇게 주말이 지나가고 다시 새로운 한 주가 시작되면 묶여 있다 풀려난 개처럼 회사로 달려간다.

그래서 가족을 포기하고 싶은가 하면 절대 그렇지 않다. 나는 무언 가를 열심히 하는 마음, 행복의 원천은 역시 가족이라고 확신한다.

돈이 아주 많거나 자유로운 삶을 행복한 인생이라고 생각하는 사 람들이 있다. 그러나 내가 있기 때문에 우리 가족이 아무 걱정 없이 살아간다는 사실이 주는 기쁨에 비하면, 돈이나 자유가 주는 행복은 보잘것없는 것이다.

특히 아이가 태어나면 그때까지 갈팡질팡하던 아버지의 마음속에 단단한 심지 같은 것이 생긴다. 본래 인간은 누군가에게 도움이 되고 싶어 한다. 그런 의미에서 부모가 된다는 것은 궁극의 역할을 선물 받 는 것과 같다. 아이가 곧 삶의 보람이자 이유가 된다.

이런 아버지로서의 기쁨, 가족이 주는 행복을 아들에게 가르쳐주는 것이야말로 의미 있는 일이 아닐까.

아들에게 들려주어야 할
사랑 그리고 성
: 멋진 남자가 되는 법을 아버지에게 듣는다는 것

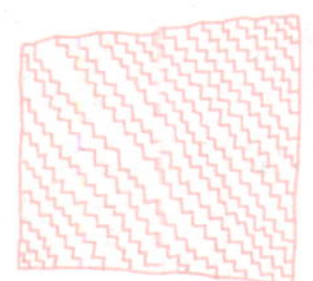

아들에게 연애 비법을 전해주자

아버지들이 아들과 이야기를 나눌 때 가장 쑥스러워하는 화제가 바로 연애다. 좋아하는 여자아이가 생겼을 때 어떻게 하면 좋을까? 여자란 어떤 동물인가? 사귄다는 것은 어떤 것인가? 사춘기 아이들은 그런 것에 관심이 많다.

아들에게 남자의 연애에 대해 가르쳐줄 수 있는 사람은 아버지뿐이다. 어머니는 남자의 마음을 잘 모를뿐더러, 심지어는 '내 아들에게 여자 친구라니, 절대 안 돼!'라고 생각하는 어머니들도 있다. 그러므로 연애에 대한 교육도 아버지가 맡아야 한다.

우리 아버지는 연애에 대한 이야기를 거의 하지 않으셨다. 대신 "중학생 남녀가 사귀는 건 있을 수도 없는 일이다"라는 말을 입에 달고 살던 어머니의 가치관이 내가 중학교에 다닐 때까지 큰 영향을 미쳤다. 당시 나는 여자아이에게 연애편지를 받으면 당황해서 어쩔 줄 몰라 하며 본인에게 돌려주거나 가방에 처박아두곤 했다.

그러나 속으로는 여자에 대한 관심이 들끓어 주체할 수 없을 지경이었다. 그런 나에게 연애와 성에 대해 가르쳐준 것은 라디오 심야 방송의 DJ들이었다. 지금 생각해보면 고등학교 입학과 동시에 하숙 생활을 시작한 것도 나에게는 행운이었다. 집을 떠나 어머니의 영향권에서 벗어나게 되면서 이성 교제를 시작할 수 있었기 때문이다.

아버지들은 사춘기 아들이 그 나이에 느끼는 감정을 누구보다 잘 알고 있다. 자신이 경험했던 연애와 사랑에 대해 많은 이야기를 들려주자. 성공담뿐만 아니라 짝사랑으로 끝났거나 실연당한 이야기들도 좋다.

단, 허세는 부리지 말자. 자기 자랑이 너무 심하면 아이는 오히려 거북해한다. 좋아하던 여자아이가 있었는데 우물쭈물하는 사이에 라이벌에게 빼앗겼던 일, 서로 좋아하는 마음을 가지고 있었는데 머뭇거리다가 결국 차였던 경험, 첫 키스에 성공하기까지의 험난했던 과정 등을 허심탄회하게 들려주자.

그런 이야기를 들려주며 "진짜 남자는 좋아하는 여자가 있으면 밀어붙여야 돼. 아버지는 좋아하는 아이에게 제대로 고백 한번 못해본 것을 아직까지 후회하고 있단다. 고백하는 것도 처음에는 엄청 두근거리고 떨리지만 몇 번 해보면 금방 익숙해져"와 같은 조언을 곁들이면 아이도 순순히 받아들인다.

젊을 때는 그렇게 한심했던 아버지도 결국에는 운 좋게 어머니 같은 사람을 만나 결혼할 수 있었다는 말도 꼭 해주자. 어머니와 사귀게 된 계기나 첫 데이트에 대한 이야기를 해주자.

"예전에는 엄마도 무척 예뻤단다."

"거짓말!"

이런 대화를 나누는 것도 즐거운 일이다.

아들의 성교육도 아버지의 역할

성에 대한 지식을 가르쳐주는 것도 아버지의 중요한 역할이다. 어머니가 아들에게 "여자를 보면 가슴에만 신경이 쓰이지?" 같은 이야기를 할 수는 없는 법이다. 본래 '성'은 가정에서 가장 터부시되는 영역이다.

내가 어렸을 때는 주로 동아리 선배들로부터 "여자아이에겐 이렇게 구애하는 거야" 같은 지식들을 전해 받았다. 그러나 최근에는 그마저도 어설프고 불안하다. 이미 언급했듯이 후배에게 '가상 연애 게임'을 물려주고 졸업하는 선배들까지 등장한 판국이니 말이다.

이런 상황에서 건강한 성교육의 책임을 맡을 수 있는 것은 아버지뿐이다. 무엇보다 성적 호기심이 충만한 사춘기 아들을 안심시키는 것이 중요하다. 남자는 원래 그렇다. 전혀 이상한 일이 아니다, 아버지도 그때는 그랬다고 말해주자. 신체의 변화에 대해서도 미리 가르쳐 주는 것이 좋다. 그러면 아이는 자신의 신체 변화를 안심하고 받아들일 것이다.

앞서도 말했듯이 우리 아버지는 연애나 성에 대해 직접 가르쳐주는 분이 아니었다. 하지만 우연한 기회에 아버지와 '남자의 비밀'을 공유하게 된 사건이 있었다. 초등학교 6학년 어느 날, 나는 모험을 감행했다. 친구들과 함께 미성년자 관람 불가 영화를 상영하는 극장에 들어간 것이다. 영화를 보다가 중간에 화장실에 갔는데, 아니 이런! 바로 옆에서 아버지가 볼일을 보고 계시는 게 아닌가.

"너 이 녀석, 이런 영화를 보러 온 거냐?"

"아버지야말로!"

정말 만화에나 나올 법한 장면이었다.

그때 나는 처음으로 아버지의 인간적인 면을 본 것 같아 기분이 좋았다. 아버지와의 거리도 부쩍 가까워진 것 같고, 아버지가 편하게 느껴졌다. 바로 이런 사소한 계기를 통해 얼마든지 남자 대 남자로 가까워질 수 있는 사이가 바로 아버지와 아들이다.

재미있는 아버지가 가정을 변화시킨다
: 가부장적 권위에 목숨 걸면 집 안에서 왕따가 된다

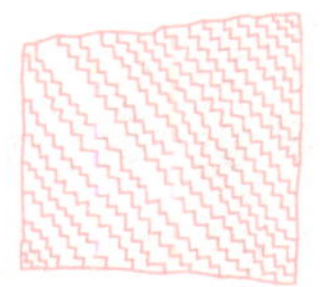

가정을 밝히는 아버지의 '유머 감각'

"웃으면 복이 온다"는 말이 있듯이 화목한 가정에는 언제나 '웃음'이 넘친다. 그리고 웃음을 위해 꼭 필요한 것이 유머 감각이다. 대체로 여자보다는 남자가 유머 감각이 발달해 있다. 언제나 사람을 웃게 하고, 항상 어떻게 하면 웃길 수 있을까 생각하는 쪽도 남자다.

물론 여자도 웃음을 좋아하지만 의사소통의 윤활유 정도로만 생각한다. 아이들이 폭소할 정도의 엉뚱한 유머 감각은 역시 아버지들의 전매특허다. 아버지가 유머 감각이 있으면 아들도 그 유머 감각을 물려받아 재미있다.

아이들은 의외로 아버지가 책을 읽어주는 것을 더 좋아한다. 왜냐하면 아버지들은 책에 쓰여 있는 그대로 읽지 않기 때문이다. 책의 내용을 충실히 전하려는 어머니와 달리, 아버지들은 특유의 유머 감각을 발휘해 원작을 무시하고 애드리브를 남발한다. "그때 갑자기 ○○ 군이 나타났어요"라며 이야기 속에 없는 아이를 등장시키거나, "펑! 우왓! 폭발이다!"라며 있지도 않은 사건을 일으킨다. 아이들은 그런 의외의 전개를 좋아한다.

가부장적인 가치관이 남아 있던 과거에는 '남자는 웃지 않는다'는 생각이 지배적이었다. 언제나 무뚝뚝한 얼굴로 과묵하게 지내고, 어떤 일에도 흔들리지 않고, 꼭 필요할 때만 입을 여는 것이 바람직한 아버지상(像)이라고 생각했다. 아이에겐 위엄 있는 행동을 보여야 하고 농담을 하거나 장난을 치는 것은 당치도 않은 일이었다.

그러나 시대가 변해, 유머 감각을 발휘하여 가족을 웃게 만드는 것이 좋은 아버지의 조건 중 하나가 됐다. 요즘은 남자들도 표정이 풍부해야 한다. 시원시원하게 웃는 남자들이 사람들에게 인기를 얻고, 의사소통 능력이 발달한 만큼 일도 잘 풀린다.

나는 아이가 어렸을 때부터 웃는 연습을 많이 해야 한다고 생각한다. 실제로 아이들에게 웃는 연습을 시키는 초등학교도 있다고 한다. 가정에서도 아들이 '웃는 얼굴이 매력적인 남자'로 자랄 수 있도록 노력하자.

얼어붙은 아내의 마음도 웃음으로 풀어줄 것

아버지가 유머 감각이 있으면 아이뿐만 아니라 어머니도 즐거워진다. 아이들 교육에 열중할수록 어머니들의 시야는 좁아지고 얼굴에선 웃음이 사라진다. 고독하고 힘든 육아 현장에서 '내가 노력하지 않으면 안 돼'라는 과도한 부담을 짊어진 결과, 마음의 여유를 잃고 마는 것이다.

그냥 웃어넘겨도 좋을 아이의 실수에도 심하게 혼을 내고, 장난치는 아이를 보면 조바심을 낸다. 긴장을 풀고 즐겨도 좋을 때조차 함께 웃지 못하는 어머니의 기분을 헤아려 풀어주는 것 역시 아버지의 역할이다.

우리 회사에 20대에 임원이 된 여성이 있다. 머리가 워낙 뛰어나서 주변 사람들의 일하는 방식이 좀처럼 성에 차지 않는다고 느끼는 사람이다. 그래서인지 항상 딱딱하고 엄격한 태도로 사람들을 대한다.

그녀를 만난 후 나는 '웃음'의 중요성과 위대함을 다시 한 번 느꼈다. 다른 사람들에게 엄격하기 그지없는 그녀지만 내가 실수하거나 폐를 끼치면 괜찮다며 양해해준다. 아마 내가 항상 웃음으로 대하기 때문에 나에게는 왠지 마음이 너그러워지는 모양이다.

내 강연이 어머니들에게 인기 있는 것도 강연 내용의 대부분이 '웃음'이어서가 아닐까 싶다. 자녀 양육에 고군분투하는 어머니들의 일상, 가족 간에 생기기 쉬운 오해나 문제를 재미있는 이야기로 바꾸어 들려주기 때문에 강연이 끝난 뒤에는 한층 가벼워진 기분으로 돌아가는 것이다.

여자들은 자신을 웃기려는 사람을 싫어하거나 나쁘게 생각하지 않는다. 왠지 그런 사람에게는 '어쩔 수 없지' 하며 마음이 너그러워지고, 더 나아가 상처받은 마음을 치유받는다.

남자에게 유머 감각은 인기의 조건이자 무기다. 아버지들이 어머니를 대할 때 이 사실을 부디 새겨두기 바란다. 곁에서 언제나 웃게 해주는 아버지가 있을 때 육아에 시달리는 어머니들도 건강한 정신으로 생활할 수 있다.

또 어머니들은 그런 아버지를 귀엽다고 생각한다. 여자들은 상대가 귀엽다는 생각이 들면 관대해진다. 원만한 부부 관계와 화목한 가정을 위해 '귀여운 남편'이 되는 것도 생활의 지혜다.

덧붙이고 싶은 글 ❹

사춘기 딸 VS 아버지

딸에 대한 아버지의 사랑은 맹목적이다. 딸을 여왕처럼 떠받드는 '딸바보' 아버지들도 흔하다.

딸이 아버지의 사랑을 듬뿍 받고 자라는 것은 바람직한 현상이다. 남자에 대한 신뢰감을 가질 수 있고, 성인이 되어 연애나 결혼을 할 때도 남자에 대한 두려움이나 거부감이 없다. 자기가 사랑받을 수 있다는 자신감을 갖고 있기 때문이다. 어릴 때 아버지에게 충분한 사랑을 받고 자란 아이는 성인이 되어서도 안정감이 있다.

하지만 그런 딸도 사춘기가 되면 아버지를 멀리하기 시작한다. 아버지를 무시하고 마치 더러운 존재처럼 취급하기까지 한다. 특히 어릴 때 딸과 많은 시간을 보내지 않은 아버지들일수록 더 일찍 버림받는다.

아버지로서는 큰 충격이겠지만 어쩔 수 없는 일이다. 성장하면서 꼭 거쳐야 할 과정이기 때문이다. 사춘기 딸을 지원해줄 수 있는 것은 어머니뿐이다. 아버지는 그런 어머니의 상담 상대가 되어주는 것으로 만족하고, 사랑하는 딸의 성장을 멀리서 묵묵히 지켜봐주는 것만으로도 충분하다.

사춘기 아이, 어떤 부모를 원할까요?

5

부모로서는 이렇게

VS

인생 선배로서는 이렇게

'어른들의 진실'을 말할 것
: 학교에선 가르쳐주지 않는 진짜 이야기가 궁금하다

진실을 말해주는 부모가 신뢰받는다

사춘기가 된 아이에게 부모는 부모가 아닌 인간으로 시험대에 오른다. 부모와 아이의 관계가 '부모 대 아이'에서 '인간 대 인간'으로 바뀌기 때문이다. 이처럼 변화된 관계에서 가장 중요한 것은 부모가 아이를 자신과 동등한 인간으로 대해주는 것이다. 부모는 아이를 진심으로 대하고 자신의 속마음을 있는 그대로 털어놓아야 한다.

거듭 말하지만 사춘기 아이들은 '진짜 세상', '어른들의 진실'에 대해 알고 싶어 한다. 정의롭고 이상적인 말에는 더 이상 귀 기울이지 않는다. 왜냐하면 이 세상이 거짓말투성이라는 사실을 이미 알고 있기 때문이다.

저학년 때까지는 학교나 언론에서 강조하는 '평화'나 '배려' 같은 말을 곧이곧대로 믿으며 옳고 당연한 것으로 받아들인다. 그러나 머지 않아 진짜 세상은 그런 이상적인 단어들과 거리가 멀다는 사실을 깨닫는다.

아프리카에서는 수많은 사람들이 기아에 허덕이고 있는데, 내 나라에서는 매일 많은 양의 음식들이 버려진다. 왕따 문제는 사라지기는커녕 점점 더 심각해지고 있다. 어른들은 서로 속고 속이기에 바쁘고, 다른 사람의 발목을 잡으려고 혈안이 되어 있다. 진짜 세상에서는 더러운 방법으로 경쟁자를 밀어내고 높은 자리에 오르는 사람이 승리한다. 역사적으로도 인류는 아주 오래전부터 크고 작은 싸움을 벌여왔다. 그리고 정의가 승리하는 것만도 아니었다.

아이들은 이 같은 세상의 거짓과 모순을 다 알고 있다. 따라서 '평화'나 '배려'를 내세우며 설교하는 어른들을 더 이상 신뢰하지 않는다. 학교나 언론은 아이들에게 진실을 말하고 싶어도 할 수 없다. 잘못하면 큰 문제가 될 수 있는 민감한 위치에 있기 때문이다.

예를 들어 학교 선생님이 "왕따는 결코 없어지지 않을 것이다"라는 말을 하면 어떻게 될까? 말 한마디 때문에 유명인들이 뭇매를 맞고 현직에서 물러나는 경우를 흔히 볼 수 있다. 요즘은 일반인도 트위터나 페이스북에 조금이라도 문제가 될 만한 글을 올렸다간 곧바로 융단 폭격을 당하듯 엄청난 비난을 받는다.

그런 상황이고 보니 아이에게 진실을 이야기해줄 수 있는 것은 부모뿐이다. 제2장에서도 잠시 언급했지간, 부모가 아이를 얼마나 진심으로 대하느냐에 따라 부모에 대한 아이의 신뢰감 형성에 큰 영향을 미친다.

아이 앞에서 완벽한 부모가 될 필요는 없다

아이에게는 바르고 옳은 것, 치우침 없고 공정한 것만 가르쳐야 한다고 생각하는 부모들이 많다. 그러나 잘못된 생각이다. 특히 이제 갓 부모가 된 어머니들 중에 이상론의 노예가 많은 것 같다. 물론 "친구들과 사이좋게 지내렴. 친구들 험담을 하면 안 돼"라고 가르치는 것이 잘못은 아니다.

하지만 그런 어머니가 아이 앞에서 부부 싸움을 하고, 아버지처럼 살면 안 된다면서 아버지 험담을 늘어놓는다면 어떻게 될까? 아이는 어머니의 모순을 이내 간파하고, 같은 일이 계속 반복되면 어머니를 믿을 수 없다는 생각까지 한다.

아이 앞에서 완벽한 부모가 될 필요는 없다. 유년기 아이에게는 이상과 원칙을 가르치지만, 사춘기 이후에는 부모에게도 결점이 있으며 때론 잘못도 저지른다는 것 또한 가르쳐야 한다. 무엇보다 평범한 인간으로 아이를 대하는 것이 중요하다.

사회 문제에 대한 부모의 의견을 솔직히 들려주는 것도 필요하다. 학교나 언론에서 말하는 것과 달라도 괜찮다. 오히려 그럴수록 아이는 아버지(어머니)가 진심을 이야기하고 있다라고 느낀다. 그와 함께 사람마다 각자 다른 생각과 의견을 가지고 있다는 사실도 배울 수 있다. 부모가 남들이 하는 말을 앵무새처럼 그대로 되풀이하면, 아이는 세상에 정답은 단 하나뿐이라고 생각한다.

한쪽으로 치우친 견해를 아이에게 들려줘도 괜찮을까 걱정하는 부모들도 있다. 이 역시 문제 될 것이 없다. "아버지는 ○○당은 이미 썩었다고 생각해"라거나 "많은 사람들이 ○○○ 씨를 지지하지만 어머니는 그 사람에게 믿음이 안 가"라고 부모가 생각하는 바를 있는 그대로 말하면 된다.

아이는 부모의 이야기를 발판 삼아 나름의 세계관을 구축해간다. 본래 인간은 누군가의 세계관을 기반으로 자신만의 세계관을 만드는 법이다. 아이들은 우선 부모가 세계를 보는 눈을 빌려 세계관의 큰 얼개를 만든다. 그리고 사춘기 이후부터는 '부모님은 그렇게 말했지만, 나는 이렇게 생각한다'면서 자신만의 독자적인 세계관을 만들어간다.

그 과정에서 어른들에게 공격적인 태도를 취하거나 건방지게 행동하는 아이들이 있다. 그러나 이러한 행동들도 부모를 포함한 주변 어른들이 아이를 같은 인간으로서 진심으로 대해주면 쉽게 개선할 수 있다는 점을 명심하자.

'부부의 결속력'이 가장 좋은 처방이다
: 아이의 사소한 문제들을 극복하게 하는 근본이니까!

부모가 함께 자녀 양육을 해야 할 이유

사춘기가 되면 아이들에게 이전에는 없었던 복잡한 문제들이 하나둘 생긴다. 친구들과의 관계, 동아리 활동, 오르지 않는 성적 등을 고민하고, 문제가 심각해지면 학교에 가지 않거나 제 방에 틀어박혀 나오지 않는 아이들도 있다. 이때 필요한 것이 바로 '부부의 결속력'이다.

내 경험에 따르면, 사춘기 문제를 잘 극복한 아이들에게는 한 가지 공통점이 있는데 아이의 아버지와 어머니가 서로 마주 앉아 이야기를 나누는 시간이 많다는 점이다.

나는 어머니들과 자녀 양육 문제로 상담할 때 "남편분과 자주 이야기를 나누십니까?"라는 질문을 꼭 던진다. 그러면 적지 않은 어머니들이 "아니요, 그 사람한테는 말해봐야 소용없어요. 남편은 거의 집에 없어요"라고 차갑게 대답한다. 거듭 말하지만 아이 문제는 어머니 혼자 해결할 수 없다. 자녀 양육에 있어 아버지의 의견과 관점도 어머니의 그것 못지않게 매우 중요하다.

여자는 출산과 동시에 아이를 지켜야 한다는 모성 본능에 눈을 뜬다. 그래서 조금이라도 위험이 감지되면 민감해지고, 아이를 지키기 위해서라면 온몸을 내던지는 일도 마다하지 않는다. 아이에 대한 걱정 때문에 항상 불안하고 그만큼 시야가 좁아져 멀리 내다보지 못한다. 특히 고독한 어머니들일수록 그런 성향이 더 강하다.

물론 어머니의 그런 한결같은 사랑 덕분에 아이는 아무 탈 없이 자랄 수 있다. 그러나 필요 이상으로 아이를 보호하거나 아이 일에 간섭하는 것은 아이의 홀로서기를 방해한다. 부모에게서 자립하지 못한 아이는 나약한 '민폐형 인간'으로 자란다. 그런 의미에서 아버지의 역할이 중요하다.

아버지의 역할은 필사적으로 아이를 보호하고 감싸려는 어머니를 안심시키는 것이다. 어머니보다 상대적으로 넓은 시야를 가진 아버지이기에 가능한 일이다.

이처럼 부부가 된다는 것은 한 쌍의 남녀가 각자의 성적인 특징을 살려 가정을 꾸리고 아이를 양육하는 것을 의미한다.

아버지의 말을 귀담아듣지 않는 어머니

그러나 안타깝게도 어머니들은 아버지들의 괜찮다는 말을 좀처럼 귀담아듣지 않는다. 그만큼 아이를 걱정하는 마음이 커서일 것이다.

나는 언제나 어머니들에게 '갈등은 아이의 성장을 위한 거름'이라고 말한다. 아이에게 문제가 생겼을 때 바로 손을 내밀어 도와주려는 것은 진정한 사랑이 아니라는 것을 알아주었으면 하는 바람에서다. 그러면 어머니들은 "하지만 아이가 괴로워하는 걸 보고도 못 본 척할 수 없어요"라고 말한다.

그 때문에 앞서 이야기한 부부간의 분업도 제대로 이루어지지 않는다. 한번은 어느 남학생의 아버지에게 이런 이야기를 들은 적이 있다.

"얼마 전에 아이가 하굣길에 상급생에게 괴롭힘을 당하고 울면서 집에 돌아왔어요. 그랬더니 아내가 담임 선생님에게 연락해서 그 상급생 아이를 찾아내 호되게 야단쳤지요. 그 모습을 본 아들이 그렇게까지 심하게 할 필요는 없다면서 오히려 아내를 말리더군요."

이처럼 어머니들은 아이들의 사소한 다툼에 과잉 반응해서 별것 아닌 일을 사건화하고 키우는 경우가 많다.

그에 비해 아버지들은 상대적으로 냉정하게 사태를 주시하고 있다. 그러나 아내에게 괜찮다는 말을 꺼내기가 쉽지 않다. 위 사례에서도 아이조차 놀랄 정도로 과잉 반응하는 어머니에게 아버지는 아무 말도 하지 못했다. 아버지들이 나름대로 깊이 생각하고 나서 말을 꺼내도 어머니들은 "그렇게 쉽게 말하다니. 결국 아이에게 관심이 없는 거지!"라고 쏘아붙이기 일쑤다. 그런 일이 반복되면 아버지 입장에선 해명하는 일도 점점 성가셔지고 결국에는 보고도 못 본 척하게 되는 것이다.

이 역시 제1장에서 말했던 것처럼 서로의 '성의 차이'를 모르기 때문에 발생하는 문제이다. 이처럼 성의 차이를 이해하지 못해서 부부 간의 결속력이 약해진 가정이 적지 않다. 서로에 대한 몰이해 때문에 결혼 초반부터 어긋나기 시작하고, 본격적으로 자녀 양육이 시작될 때쯤이면 함께 이야기를 나누기조차 꺼릴 만큼 이미 사이가 멀어져 있다.

남편과 아내 모두 사랑하는 아이를 건강하고 훌륭하게 키우고 싶다는 생각은 매한가지일 텐데 말이다. 참으로 안타까운 일이다.

지금부터라도 '성의 차이'를 배우자

부부가 서로를 이해하려면 우선 '내가 남자(여자)를 잘 모르고 있는 것은 아닐까?' 하고 스스로를 되돌아보며 이성에 대해 배우려는 자세가 필요하다.

남편도 아내도 자신이 상식이라고 생각하는 것이 상대방에게도 상식일 것이라 생각하고, 태어날 때부터 서로 다르다는 사실을 인식하지 못하고 있다. 때문에 상대에 대해 배울 필요성 또한 느끼지 못한다. 이때 모르는 것을 배우는 것만으로 부부의 결속력이 한층 강해진다.

이성을 공부할 때 가장 좋은 교재는 다름 아닌 자신의 배우자다. 남편이나 아내를 단순히 '짜증 나는 사람' 혹은 '이해할 수 없는 사람'으로 치부하지 말고, 상대를 통해 이성을 배우겠다는 마음으로 겸허하게 대하자.

제1장에서도 말했듯이 나는 강연에서 "남편(아내)을 개라고 생각하십시오"라고 말한다. 물론 나와 다른 동물이니까 포기하고 내버려두라는 의미가 아니다. 이왕 함께 살고 있으니 한번 제대로 연구해보자는 의미이다. 이 말을 들으면 다들 폭소를 터뜨리면서도 어느 정도 수긍한다는 반응을 보여준다. 아마 각자 나름대로 공감하는 부분이 있기 때문일 것이다.

형제들 혹은 자매들 틈에서 자란 사람들은 성장 과정에서 자연스럽게 이성을 접할 기회가 적다. 남학교나 여학교만 다닌 사람이나 연애 경험이 없는 사람들도 마찬가지다.

이 중 한 가지 경우에만 속한다면 다른 경험으로 부족한 부분을 채울 수도 있겠지만, 두세 가지가 겹치면 이성에 대한 이해가 부족할 수밖에 없다. 그리고 희한하게도 그런 사람들은 은연중에 꼭 티가 난다. 예를 들어 회사에서 남자 상사와 이야기할 때 거리를 두고 서 있는 여사원은 백이면 백 여학교 출신이다. 자신도 모르게 남자를 경계하는 것이다.

이성을 학습할 기회가 적었던 사람들은 연애나 결혼을 할 때도 상대에게 지나친 환상을 품는다. 현실에서는 찾아볼 수 없는, 만화에 나올 법한 이성상(像)을 상대에게 강요한다. 또 이성에 대한 무지 때문에 상대의 지극히 당연한 행동에도 쉽게 화를 내고 이별을 고한다. 그리고 이내 또 다른 상대를 찾아 나선다.

반면 어릴 때부터 많은 이성을 보며 자란 사람이나 연애 경험이 많은 사람은 상대적으로 이성에 대한 이해도가 높다. 이성의 긍정적인 면과 부정적인 면을 모두 숙지하고 있기 때문에 결혼 상대에게도 허황된 기대를 갖지 않는다. '뭐, 남자(여자)는 원래 그러니까'라는 생각이 이미 머릿속에 있으므로 원만한 부부 생활을 꾸려나갈 수 있다.

아이 앞에서 완벽한 부모가 될 필요는 없다.
유년기 아이에게는 이상과 원칙을 가르치지만,
사춘기 이후에는 부모에게도 결점이 있으며
때론 잘못도 저지른다는 것 또한 가르쳐야 한다.
무엇보다 평범한 인간으로 아이를 대하는 것이
중요하다.

사회 문제에 대한 부모의 의견을 솔직히
들려주는 것도 필요하다. 학교나 언론에서 말하는 것과
달라도 괜찮다. 오히려 그럴수록 아이는
아버지(어머니)가 진심을 이야기하고 있다고
느낀다. 그와 함께 사람마다 각자 다른 생각과
의견을 가지고 있다는 사실도 배울 수 있다.
부모가 남들이 하는 말을 앵무새처럼 그대로
되풀이하면, 아이는 세상에 정답은
단 하나뿐이라고 생각한다.

부부 사이가 원만하면 걱정할 게 없다
: 건강한 부모의 관계야말로 최고의 양육법이다

남편들이여, 아내의 진짜 속마음을 알자

이성을 이해하게 되면 답답하고 개운치 않았던 부분들이 깨끗이 사라진다. 특히 아내가 불안해하고 짜증 내는 이유를 이해하게 되어 마음이 편해진다. 강연에 참석한 아버지들은 "눈앞의 안개가 걷힌 것 같다"는 말을 자주 한다.

남자는 자신이 이제까지 구축해온 세계관이 완벽하다 생각하고, 그만큼 자존심도 강하다. 밖에서 열심히 일하는 것으로 가족에 대한 의무를 다하고 있노라 자부한다. 남편으로서 부족한 점이 있다는 생각은 전혀 하지 않는다. 그런데 집에 돌아오면 아내가 화를 내고 짜증을 부린다. 내 강연을 듣고 나서야 그 이유를 알게 되었다는 아버지들이 많다.

"아내를 소중히 생각하고 있지만 구체적인 말이나 태도로 표현하지 않으면 아내는 모르겠죠. 왜냐하면 상대는 개니까요.(웃음)”

“아내는 늘 초조해하고 언제나 아이에게 짜증을 냅니다. 그동안에는 그런 아내를 논리적으로 비난하기만 했는데 오늘 강연을 듣고 반성했습니다. 지금 아내에게 필요한 것은 나의 공감이라는 사실을 알았습니다.”

“아내가 화를 내고 불안해하는 건 모두 아내에게 문제가 있기 때문이라고 생각했어요. 아내가 변하면 상황도 변할 것이라고 말이지요. 그러나 오늘 강연을 듣고 생각이 완전히 바뀌었어요. 나에게도 원인이 있었던 거예요.”

이렇게 아버지들이 문제의 원인을 깨닫고 아내를 그만큼 소중하게 대하면 아이에 대한 어머니들의 태도도 눈에 띄게 바뀐다. 특히 아들에게 집착하고 얽매여 있는 어머니들이 크게 줄어들 것이다.

고독한 어머니를 위로해주어야 한다

아들에게 집착하고 얽매여 있는 어머니들을 보면 의존증을 앓고 있는 게 아닌가 하는 생각이 든다. 현대 사회가 낳은 우울한 단면이라는 생각도 든다. 어머니가 아들에게 집착할수록 그만큼 많은 ‘민폐형 인간’들이 세상 밖으로 쏟아져 나온다는 사실이 걱정스럽다.

어머니가 아들에게 집착하는 것은 고독하기 때문이다. 자신이 아무리 노력해도 세상이나 남편은 그런 자신을 인정해주지 않는다. 하지만 어머니에 대한 아들의 사랑은 지고지순하고 절대 배신하지 않는다. 아들에게 어머니는 여신이며, 아들은 그런 어머니를 지키기 위해 '무슨 일이든 하겠다'고 생각한다. 그리고 어머니는 그런 아들에게 의지한다.

물론 아버지들 역시 아들들 못지않게 아내를 사랑한다. 단지 겉으로 표현하지 않아도 알아줄 것이라 생각하고 그 사랑을 표현하는 일을 게을리할 뿐이다. 실제로 내 강연을 듣고 나서 이런 이야기를 하는 아버지들이 많다.

"아이를 위해서라기보다 '가족을 위해, 그리고 내 아내를 위해'라는 마음가짐을 갖는 것이 중요하다는 사실을 깨달았습니다."

"아이와 보내는 시간만큼 아내와도 시간을 보낼 수 있도록 노력해야겠다는 생각이 들었습니다."

아이만 생각했지 아내를 소중히 대해야 한다는 생각은 하지 못했던 스스로를 반성하는 아버지들의 말이다. 그들 또한 '아내는 괜찮을 거야', '굳이 말하지 않아도 알아줄 거야'라고 생각했을 것이다.

남자는 결혼과 동시에 아내를 어머니 대신으로 생각하고 어리광을 부린다. 아이가 태어나서 아내가 본격적으로 모성에 눈을 뜨기 시작하면 어리광이 더 심해진다. 그러나 아내는 아이를 키우는 것만으로도 벅차서 한때는 타인이었던 남편까지 보살펴줄 여유가 없다. 너무 일찍 남편을 방치한 결과, 자녀 양육이 끝나자마자 황혼이혼을 선택하는 비극적인 상황도 벌어진다.

　미국이나 유럽 부부들이 모두 그런 것은 아니겠지만, 남편이 아내에게 항상 관심을 기울이면서 매일같이 사랑을 표현하는 생활 방식은 우리가 본받아야 할 생활의 지혜라고 생각한다. 사실은 아내보다 아이가 더 소중하더라도, 아이들 앞에선 "아빠한테는 엄마가 첫 번째야. 너희들은 그다음이지"라고 말한다. 오랜 경험 속에 터득한, '나이 들어서도 아내에게 버림받지 않는 방법'들을 실천하고 있는 것이다.

　물론 우리 남편들이 그런 방법들을 하루아침에 익히는 것은 불가능하겠지만, 아내에 대한 사랑과 고마움을 표현하려는 노력을 게을리하지 말아야 할 것이다. 아내가 어떤 일에 기뻐하고 어떤 일에 화를 내는지를 파악해두는 것도 그런 노력의 일환이다.

　얼마 전에는 한 여성이 "남편이 출장을 갔다 왔는데, 글쎄 선물 하나 안 사왔지 뭐예요" 하며 크게 화내는 것을 보았다. 남편에게 악의가 있었던 것은 물론 아니다. 다만 아내에 대한 이해가 부족했던 것일 뿐이다.

　나는 어디에 가든 아내 선물은 잊지 않고 꼭 사려고 노력한다. 매장에서 아내에게 전화를 걸어 "당신이 마음에 들어 하는 게 어떤 물건이었지?"라며 노력하는 나 자신을 보여줄 때도 있다. 남편이 아내를 위해 얼마나 노력하고 있는지를 직접 표현하는 방법으로, 주변 여성들에게도 이미 인정받은 나만의 비법이다.

아내들이여, 귀여움을 잃지 마라

원만한 부부 관계를 위한 지혜로서 어머니들에게 알려주고 싶은 것이 있는데 남자는 나이를 불문하고 '귀여움'에 약하다는 사실이다. 여자들 생각에는 공주병 환자처럼 보이는 여자도 의외로 남자들에게는 인기가 많다.

나이 50을 넘긴 나 역시 귀여운 여자 사진을 보면 여전히 마음이 설렌다. 물론 여자가 마냥 귀엽고 가녀린 것만이 아니라는 사실은 그간의 경험을 통해 알고 있지만, 그래도 이내 마음이 끌리고 만다.

아무튼 남자는 귀여움에 약하다는 사실을 어머니들이 꼭 새겨두기 바란다. '이 나이에 뭘 새삼스레. 쓸데없는 짓이야'라고 생각하지 말고, 가끔이라도 좋으니 남편이 과거의 두근거림을 다시 느낄 정도로 매력적인 모습을 보여주자. 나도 가끔 아내와 밖에서 만나 단둘이 식사를 하는데 연애 시절을 떠올리며 즐거운 시간을 보낸다. (이 이야기를 하면 친구들은 모두 깜짝 놀란다.)

또 하나 어머니들에게 부탁하고 싶은 것이 '남편에게 심술궂게 굴지 말라'는 것이다. 남편에게 불만이 쌓이면 어머니들은 으레 빈정대는 말을 하거나 심술을 부린다. 애정으로 말미암은 행동이어서 여자들은 대부분 죄책감을 느끼지 않지만, 당하는 남자들은 매우 괴로워한다.

여자는 어릴 때부터 정신적 압박을 가하고 심술궂은 짓을 하는 데

익숙해져 있다. 하지만 남자는 그렇지 않기 때문에 아내의 행동에 숨은 의미를 읽어내지 못한다. 그저 눈에 보이는 대로 아내의 기분에 맞춰 반응하지만 결국 아내의 끈질긴 괴롭힘에 녹초가 되고 만다.

남편에게 심술궂은 행동을 해서 부부 관계가 좋아지는 일은 절대 없다. 단지 남편의 마음을 상하게 할 뿐이다. 아내의 심술이 반복되면 남자는 '또 시작이군. 태풍이 지나갈 때까지 내버려두자'고 생각한다. 그러니 괜한 심술 부리지 말고 '어쩔 수 없다'는 마음으로 너그럽게 대하자. 그편이 본인도 스트레스 받지 않을뿐더러 남편에게도 좋다.

이처럼 부부가 남성과 여성으로서의 차이를 잘 이해하고 서로를 배려하면 어려운 자녀 양육도 마음을 모아 잘해나갈 수 있을 것이다. 서로 사랑해서 아이까지 낳은 두 사람이 아닌가.

차라리 아이의 홀로서기를 즐기자
: 이제 부모도 여유를 가져야 할 때가 아닌가!

삶을 즐기는 아버지와 어머니, 아이에게는 인생 공부다

지금 당신의 아이는 어떤 모습인가? 부모에게 반항하고, 건방지게 말하고, 혼자만의 비밀을 만들고, 이성에게 관심을 보이면서 순조롭게 변화하고 있는가? 만약 그렇다면 안심이다.

변함없이 귀엽고, 순종적인 아이도 부모에게는 나쁘지 않을 것이다. 그러나 잘 생각해보자. 반항하지 않고, 갈등하지 않는 것은 세상만사를 깊게 생각하지 않기 때문이 아닐까? 깊게 생각하는 법을 모르는 아이는 어른이 되어서도 자신이 무엇을 하고 싶어 하는지 모른다. 자기 의견이 없으므로 주변 분위기에 쉽게 휩쓸린다.

비밀을 공유하는 친구가 없고, 친구들과 사소한 트러블 하나 없다는 것은 사람을 깊이 사귀지 못하고 타인에게 관심을 갖지 않는다는 의미일 수도 있다. 인간관계에 부대끼지 않는 아이는 성인이 되었을 때 직장 생활에서 어려움을 겪는다. 무엇보다 일의 기본은 사람과의 소통이기 때문이다.

이성 친구는커녕 이성에게 관심조차 없어 보이는 아이라면 당장 걱정거리가 하나 줄어 다행이라고 생각할지도 모른다. 하지만 그런 아이는 어른이 됐을 때 결혼하는 데 애를 먹는다. 아이가 먼 곳으로 가버린 것 같다는 생각이 든다면 정상이니 걱정하지 않아도 좋다.

마지막으로 어머니, 아버지들에게 다시 한 번 당부하고 싶은 것은 아이를 좋은 대학, 좋은 회사에 보내는 것이 자녀 양육의 목표가 아니라는 사실이다. 자녀 양육의 참된 목표는 아이가 인간성 있는 어른, '제 몫을 다하는' 어른, '인기 있고 매력적인' 어른으로 자라는 것이다.

이를 위해서는 사춘기에 제대로 홀로서기를 시작하고, 동성의 부모에게 성의 차이를 배우는 것이 중요하다. 부모가 가장 걱정해야 할 것은 아이가 자립하지 못하는 것이다. 아이가 자신의 취직이나 결혼 문제까지 부모에게 의존하는 어른으로 자라지 않도록 주의를 기울여야 한다.

아이가 홀로서기에 성공하면 부부는 부부만의 삶을 즐길 수 있다. 독자 여러분에게도 그런 미래가 기다리고 있을 것이라 믿는다.

입시는 아이의 홀로서기를 방해하는 함정

어머니들이 아이를 놓아주지 못하는 가장 결정적인 이유는 아이가 홀로서기를 해야 할 시기에 이미 입시 걱정을 하기 때문이다. 아이의 입시를 위해 잠시도 곁을 떠날 수 없는 부모의 마음은 물론 이해한다. 그러나 그렇게 해서 합격하더라도 정신적으로 문제가 생기거나 제대로 성장하지 못하는 아이들이 많다. 자립심을 키울 기회를 놓쳐버렸기 때문이다.

한편 부모의 간섭 없이 입시와 홀로서기에 둘 다 성공한 사례도 있다. 성적도 엉망이고 눈치도 없고, 여기저기 민폐를 끼치고 다니던 남자아이가 있었다. 그런데 어느 날 아이가 스스로 입시를 준비하겠다고 선언했다. 어머니는 '불안하지만 아이가 하고 싶다는데 시켜줘야지'라며 입시가 끝나는 날까지 너그러운 태도로 아이를 지켜봐주었다. 비록 숱한 시행착오들을 겪기는 했지만, 아이는 원하는 결과를 얻었고, 단단한 사람으로 자랄 수 있었다.

아이의 그림자가 되어 아이 곁을 떠나지 못하는 어머니들이 많은 결정적인 이유는 입시. 하지만 그 무엇보다 중요한 것은 이 학원, 저 학원으로 아이를 실어 나르면서 시시콜콜 공부와 인생에 관여하는 대신, 묵묵히 지켜보고 있다는 느낌을 갖게 하는 것이다. 다른 어머니들은 다들 애쓰고 있는데 나만 어떻게 그럴 수 있는가 하면서 반문할 수도 있겠지만 진심으로 아이를 위한다면 홀로 설 수 있도록 돕는 것이 정답이다.

인생은 길다. 입시에 성공하는 것만이 아이의 인생을 좌우하지는 않는다. 넘어졌다 일어서기를 반복하면서 스스로의 인생을 향해 나아갈 수 있는 아이로 키우는 비법은 오직 하나, 자립할 수 있도록 도와주는 것뿐이다.

아직 늦지 않았다,
10세부터 다시 키워도 충분하다

나는《초등학교 3학년이 되기 전에 길러줘야 할 수학 뇌》라는 책으로 데뷔했다. 그래서인지 학부모들로부터 "초등학교 5학년은 이미 늦은 거지요?" 혹은 "첫아이는 포기해야 하나요?"라는 질문을 많이 받는다. 이 책은 그런 부모들의 의문을 풀어주기 위해 쓴 것이다. 따라서 이 책을 읽은 부모들이 '그렇구나, 동성 부모의 진심이 중요한 거구나. 가정 밖의 스승이 필요하구나'라고 느끼고, 새로운 기분으로 자녀 양육을 즐길 수 있는 계기로 삼아준다면 좋겠다는 것이 내 바람이다.

막상 원고를 마무리하고 보니 남녀에 따라 사춘기 발달에 차이가 있어 그런지 몰라도, 여자아이에 비해 남자아이의 정신적인 성장에 관해 심각한 내용이 많다. 그리고 아들과 딸에 대한 표현에도 다소 온도 차가 있다는 생각이 든다. 하지만 분명한 것은, 10세 이후부터가 아이들의 진짜 인생이라는 점이다.

주제가 주제인 만큼 나의 10대 시절은 어땠는지 되돌아보았다. 책에서 주장한 것처럼 '동성의 부모=아버지'와의 관계가 이상적이지는 못했다. 너무 어린 나이에 부친을 여읜 내 아버지는 아버지로서 어떻게 행동해야 좋을지를 잘 몰랐던 것 같다. 애교가 많았던 막냇동생은 곧잘 아버지 무릎에 앉아 놀았지만, 나는 단 한 번도 아버지 무릎에 앉아본 적이 없다. 사춘기 때는 거의 말도 하지 않았다.

　지금 생각해보면 당시 나는 지나치게 '착한 아이'였다. 학생회장을 도맡아 하면서도 한편으로는 '이건 진짜 내가 아니야' 하며 우울해하는 중학생이었다. 그런데 고등학교에 입학해 열다섯 살 때 집을 떠나 하숙 생활을 시작한 것이 나에게는 큰 행운이었다.

　예술가 기질이 있던 삼촌은 현청에서 공무원으로 일하며 소설을 썼고, 텔레비전은 거의 보지 않았다. 책을 읽거나 글을 쓰지 않을 때는 만화가나 글쟁이, 신문기자들을 불러 모아 술자리를 벌이곤 했다. 아내를 무척 사랑했던 삼촌은 술에 취하면 "옆에 있어주~기만 하~면 돼"라며 노래를 불러댔다.

　삼촌과 직접 이야기를 나눈 적은 별로 없었지만 삼촌이 인생을 즐기고 있다는 사실은 느낄 수 있었다. 사춘기 때의 나는 아버지보다 삼촌의 영향을 더 많이 받은 듯싶다. 그림, 문학, 음악을 좋아하게 된 것도, 지금 이렇게 글을 쓰고 있는 것도 분명 삼촌의 영향일 것이다.

　스승과도 같았던 야구부 선배들, 나와 사귀면서 여자에 대해 알려준 고교 시절 여자 친구 그리고 인생을 즐기며 살아가는 모습을 보여준 삼촌. 이들과의 만남이 나의 부족한 부분들을 조금씩 채워줬다는 생각에 새삼 고마움이 북받쳐 오르는 한편, '사춘기 시절의 만남이 이토록 큰 영향력을 갖는구나' 하고 다시금 깨닫게 된다.

이 책은 자녀 양육에 있어서의 부모의 역할을 다루고 있지만, 부득이한 사정으로 부부가 함께 아이를 교육하기 어려운 가정도 있을 것이다. 설령 100점짜리 아버지가 옆에 없다 해도 나처럼 다른 누군가로부터 도움을 받을 수 있다는 것만으로도 충분하다는 이야기를 마지막으로 한 번 더 건네고 싶다.

다카하마 마사노부

10세부터
다시 키워라

초판 1쇄 발행 2014년 5월 10일

지은이 | 다카하마 마사노부
펴낸이 | 김우연, 계명훈
기획 · 진행 | fbook
마케팅 | 함송이
경영지원 | 이보혜
디자인 | design group ALL(02-776-9862)
인쇄 | 미래프린팅
펴낸 곳 | for book 서울시 마포구 공덕동 105-219 정화빌딩 3층
         02-753-2700(판매) 02-335-3012(편집)
출판 등록 | 2005년 8월 5일 제 2-4209호

값 12,000원
ISBN 978-89-93418-79-8 13370